Anke Schwörer-Haag
Thomas Haag

Reiten auf Islandpferden

Spaß an Tölt und Pass

KOSMOS

▶ **Tölt und Pass – das macht Spaß** 5
Von ganz besonderen Pferden 6
    Faszination Gangarten 6
    Herausforderung: Hilfen und Stilsuche 7
    Tölten alle Islandpferde? 8
    Ausdauer und Gleichgewicht 10
    Rennpass – im Rausch der Geschwindigkeit 11
    Glücksfall: Das richtige Pferd 13
    Wichtig: Der richtige Boden 16
    Hilfreich: Die richtige Ausrüstung 17
    Fragen, die sich jeder stellt 22

▶ **Basiswissen Tölt** 25
Gangreiten mit Gefühl 26
    Was ist Tölt? 26
    Tölt hören 27
    Tölt sehen 28
    Tölt fühlen 30
    Tölt formen 31

▶ **Basiswissen Rennpass** 33
Geschwindigkeit ist keine Hexerei 34
    Was ist Rennpass? 34
    Rennpass hören 35
    Rennpass sehen 36
    Rennpass fühlen 37
    Rennpass formen 39

- **Handwerkszeug für Tölt und Pass** — 45
  Vom Chaos zur Harmonie — 46
  - Wie der richtige Sitz entsteht — 46
  - Was man über Gewicht, Kreuz und Schenkel wissen sollte — 50
  - Die ruhige Reiterhand – ganz schön unpraktisch — 54
  - Die lateralen Hilfen — 57
  - Wie es weitergeht — 62
  - Abwechslung und viel Gelände — 63

- **Islandpferde besser reiten** — 65
  Übung macht den Meister — 66
  - Wichtigste Übung – einander verstehen — 66
  - Zwei-Stufen-Programm: Arbeit am Boden — 68
  - Sensible Sache: das Aufsitzen — 72
  - In der Wirkung unerreicht: Schnelles Wenden — 74
  - Wider den Automatismus: Halt ohne Wenden — 75
  - Reiten mit Halsstellung — 77
  - Unverzichtbar: Schenkelweichen und Vorhandwendung — 79
  - Höchst hilfreich: bergauf und bergab — 83
  - Gewichtsverlagerungen — 85
  - Entscheidend anders: Schritt, Trab, Galopp — 89

- **Natürlich und ausbalanciert** — 95
  Dem Geheimnis des Gangreitens auf der Spur — 96
  - Waage zwischen Trab und Pass — 96
  - Losgelassenheit – so werden Töltträume wahr — 101
  - An der Form scheiden sich die Geister — 106
  - Aktion – nur wenn die Hinterhand mitkommt — 108
  - Wichtigstes Ziel: Geschmeidigkeit — 111
  - Pferde gehen selten gerade — 116
  - Reiten in Harmonie — 121

Serviceteil
- Kleines Lexikon — 122
- Nützliche Adressen — 124
- Zum Weiterlesen — 125
- Register — 127

Tölt und Pass – das macht Spaß

Rasantes Tempo, faszinierender Takt, totale Harmonie – Tölten bis ans Ende der Welt. Wer einmal diesen Rausch gespürt hat, ist begeistert. Dabei ist es ganz gleich, ob man schon viel Reiterfahrung mitbringt oder noch Neuling im Sattel ist: Der atemberaubende Viertakt hat dem Islandpferd viele Freunde beschert.

Steigerung kann da höchstens noch der Rennpass sein. Erlebt ein Reiter diesen unvergleichlichen »Kick«, will er mehr: Richtiger Rennpass macht süchtig – Zwei- und Vierbeiner gleichermaßen.

Die Begeisterung für das Islandpferd lebt aber auch davon, daß Tölt- und Rennpass-Reiten zwar kinderleicht sein können, der Weg zur Perfektion jedoch in den meisten Fällen kein Kinderspiel ist. Für den Reiter ist es eine spannende Aufgabe, das Niveau seines Pferdes in der vierten und fünften Gangart zu halten und dessen Qualität mit der wachsenden Erfahrung vielleicht sogar auszubauen.

Langweilige Stunden mit dem Islandpferd gibt es nicht – auch wenn man häufig allein reitet.

Von ganz besonderen Pferden

- 6 ▸ Faszination Gangarten
- 7 ▸ Herausforderung: Hilfen und Stilsuche
- 8 ▸ Tölten alle Islandpferde?
- 10 ▸ Ausdauer und Gleichgewicht
- 11 ▸ Rennpass
- 13 ▸ Das richtige Pferd
- 16 ▸ Der richtige Boden
- 17 ▸ Ausrüstung
- 22 ▸ Fragen, die sich jeder stellt

In Freiheit geboren, zählen die Islandpferde aufgrund ihres Charakters und ihrer Gänge zu den ganz besonderen Pferden

▸ Faszination Gangarten

Von Anfang an fesselten vor allem die vierte und fünfte Gangart: Schon als die Islandpferde zu Beginn der 50er Jahre in Europa als »Reitpferde« entdeckt wurden, waren Tölt und Rennpass die zentralen Themen.

Immer wieder reisten die Pioniere der Islandpferdereiterei auf die Insel, um sich Tips zu holen. Verschiedenste Methoden wurden getestet, um auch »zu Hause« die Pferde tölten zu können. Dazu kopierten die Reiter den Stil der isländischen Bauern, schoben zum Beispiel die Unterschenkel extrem weit nach vorne. Man experimentierte mit Sätteln, mit Gebissen oder Zügeln, mit Glocken und Beschlägen.

Jeder Ausbilder hatte seine privaten Tricks und Tips – und viele treue Schülerinnen und Schüler, die mit ihren Pferden auf der Suche nach dem unvergleichlichen Gefühl, dem Rausch im sauberen, schnellen Viertakt waren.

▸ Pioniere der Islandpferdereiterei

Zu den ersten, die Islandpferde nach Deutschland und auf den Kontinent brachten, zählte die Schriftstellerin Ursula Bruns. Für die Verfilmung ihres Bestsellers »Dick und Dalli und die Ponys« (Filmtitel: Die Mädels vom Immenhof) hatte sie Islandpferde ausgewählt. 1958 gründete sie die Zeitschrift Pony Post und wenig später den Deutschen Pony-Club, der 1960 an Pfingsten sein erstes Pony-Treffen ausrichtete. Im Juni 1968 wurde aus dem Deuschen Pony-Club die Island-Pferde-Züchter- und Besitzervereinigung (IPZV), die Verbandszeitschrift heißt seither: Das Islandpferd.

Ein ganz besonderes Pferd: Baldur frá Bakka, Weltmeister im Fünfgang 1999

▸ Herausforderung: Hilfen und Stilsuche

Die Pioniere machten alle dieselbe Erfahrung. Nach dem Kochbuch (»man nehme hier ein bißchen Kreuz, dort ein bißchen Schenkel und eine Prise Hand...«) ließen sich Tölt oder Rennpass weder reiten noch beschreiben. Bald wurde deutlich, daß es **die** Hilfe zum Tölt oder zum Rennpass einfach nicht gibt. Vielmehr muß der Reiter, der den vierten und fünften Gang bei seinem Pferd »einlegen« will, dieses eigentlich nur ins Gleichgewicht bringen. Nur?

Was viele Islandpferdereiter schon am eigenen Leib gespürt haben und was Anfänger und Einsteiger recht schnell merken: Das mit der Balance ist nicht so einfach. Wer diese aber findet, erlebt Tölt und Pass als die Spaß-Gänge schlechthin, denn selten fühlt sich Reiten schöner an. Geht die Balance verloren, wird es hingegen ganz schön kompliziert.

Keine Frage: Wer fleißig übte, wollte seine Erfolge auch vorzeigen. Gleichzeitig mit der Suche nach dem Reitstil wuchsen deshalb Richtwesen und Turniersystem für Islandpferde. Anfangs wurde die neue Gangart zum Beispiel auf gerader Teerstraße vorgeführt und sozusagen »mit dem Ohr« bewertet. Später erfand man die feste Ovalbahn, deren feiner, aber eher harter Schotterbelag besser federt und deshalb für die Pferdebeine schonender ist als der Asphalt.

▶ Tölten alle Islandpferde?

Die Veranlagung zu dieser Gangart dürfte allen Islandpferden im Blut liegen. Allerdings ist das Talent der einzelnen Pferde unterschiedlich groß. Man unterscheidet

DEN NATURTÖLTER:
- ▶ Tölt-Begabung in der Mitte zwischen Trab und Rennpass; das Pferd muß aber auf der Weide nicht nur tölten;
- ▶ im Tolt ganz besonders leicht zu reiten;
- ▶ vermittelt, wenn er hohe, weite Bewegungen hat, seinem Reiter ein unvergleichliches Töltgefühl.

Besonders gut im Gleichgewicht: Der Naturtölter macht es seinem Reiter meist leicht

Besser von der Insel?

Die ersten Islandpferde kamen, wie konnte es anders sein, von der Insel. Und bis heute ist es dabei geblieben, daß hervorragende Reit- und Zuchtpferde am einfachsten in Island zu bekommen sind – auch wenn die Züchter auf dem Kontinent inzwischen sehr stark aufgeholt und vereinzelt gleichgezogen haben. Der Import birgt allerdings auch Risiken: Zum einen weiß man nicht, wie die Pferde die Umstellung verkraften und ob sie Sommerekzem bekommen. Zum anderen ist es manchmal gar nicht so einfach, sie mit dem hiesigen Reitstil vertraut zu machen.

Was fasziniert am Islandpferd?

Der »vierte« und der »fünfte« Gang sorgen dafür, daß das tägliche Training im Gelände auch für den Freizeitreiter und dessen vierbeinigen Partner nie eintönig wird.
Denn entscheidend ist bei beiden Gangarten nicht nur die Frage, ob der richtige Takt gefunden werden kann, sondern auch, wie das Pferd dann töltet oder Rennpass geht. Schließlich bietet das Mehr an Gangarten dem Reiter Abwechslungsmöglichkeiten, von denen man bei der Arbeit mit dem klassischen Dreigänger nur träumen kann.

DEN TRABTÖLTER:

- Lieblingsgangart ist eher der Trab;
- läßt sich am leichtesten schnell tölten, weil er sich dann am besten strecken kann;
- kommt bei weniger geschickten Reitern oft im Hals zu hoch und läßt beim Gehen den Rücken hängen, wenn er im langsamen Tempo gearbeitet werden soll (siehe negativer Bewegungsablauf Seite 28);
- ist, je stärker die Trabveranlagung ist, um so schwieriger ins Gleichgewicht zu bringen und auch in anderen als im schnellen Tempo locker zu tölten;
- stellt an den Freizeitreiter sehr hohe Ansprüche, da man im langsamen Tempo sehr konzentriert reiten muß und sich beim Ausritt einer Gruppe schwer anpassen kann.

Der Trabtölter ist zumeist imponierend schnell, braucht aber einen guten Reiter, wenn er langsam gehen soll

TÖLTEN ALLE ISLANDPFERDE?

PROFI·TIP

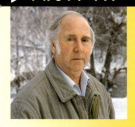

▶ **Prof. Dr. Isenbügel**

Im Laufe von Jahrmillionen haben sich Pferde zu hochspezialisierten Zehenspitzengängern entwickelt. Zur Ausbildung tragfähiger Gliedmaßen brauchen sie ausgewogene Fütterung (Mineralisation) und genügend Zeit (drei Jahre). Auf dieser Basis kann dosiertes Aufbautraining und maßvoller Gebrauch die Gliedmaßen kräftigen und erhalten. Genügend harte, federnde Naturwege sind das optimale Geläuf. Sumpf- und Teerstraßen sind nur für das Reiten im Schritt geeignet. Zu tiefer oder sehr unebener Boden belastet Sehnen und Bänder ebenso wie asphaltierte Straßen.

DEN PASSTÖLTER:
▶ Lieblingsgangart ist der langsame »Reise«-Pass;
▶ kann manchmal auch richtigen Rennpass gehen;
▶ ist im Tölt oft sehr empfindlich und verspannt sich leicht. Er drückt dann den Rücken nach oben und macht es dem Reiter schwer, einzuwirken;
▶ manchmal sind diese Pferde aber auch nur energielos und entwickeln sich zu angenehmen Partnern, wenn es gelingt, ihnen Lust am Laufen zu machen.

Passtölter sind meist bequem zu sitzen

▶ ### Ausdauer und Gleichgewicht

In den sogenannten Forscherjahren gab es auf Islandpferdeturnieren eine Ausdauer-Töltprüfung. Mit dieser sollte bewiesen werden, daß Tölt eine natürliche Gangart ist und gut trainierte Pferde mühelos über längere Strecken im Viertakt geritten werden können. Mit der Zeit wurde diese Prüfung verändert und mündete schließlich in die sogenannte Töltprüfung 1.1, die vor allem prüft, ob sich das Pferd im Gleichgewicht befindet.

Ist das der Fall und eignet sich auch der Boden dazu, kann ein Islandpferd tölten, solange seine Puste reicht.

▶ **Rennpass-Zeiten**

Aus dem Stand starten die Rennpasser (meist) im Galopp und werden nach einer kurzen Strecke (längstens 50 Meter) in den Rennpass umgestellt (»gelegt«), den sie 200 Meter lang halten müssen. Als schnell gilt heute jedes Pferd, das diese Strecke in weniger als 24 Sekunden schafft. Zu den schnellsten gehört etwa Lothar Schenzel mit Gammur von Kvitholti. Die beiden benötigten unter diesen Bedingungen 21,8 Sekunden für die 250 Meter. Sigurbjörn Bardasson mit Gordon frá Stora Asgeirsá hält den Weltrekord mit 21,14 Sekunden. Das entspricht einer Geschwindigkeit von 42,57 Kilometern pro Stunde.

Gut trainierte Sportpferde laufen locker viele Kilometer weit und eine Stunde lang im Tölt. Wenn das Pferd noch Schwierigkeiten mit dem Gleichgewicht hat, hilft ein Spiel mit den Gangarten (siehe Seite 96ff) weiter. Zu Beginn der Ausbildung ist es vor allem beim Viergänger sinnvoll, das Pferd nur kurze Strecken zu tölten.

▶ Rennpass – im Rausch der Geschwindigkeit

Nur ein Teil der Islandpferde hat das Talent, Pass zu gehen. Besonders wenn es sich um richtigen Rennpass handeln soll, muß zur Gangveranlagung auch noch ein gutes Grundtemperament dazukommen.

Rennpasser sind außerdem oft sehr harte und selbstbewußte Pferde. Der Reiter kann sie nur zu beständigen, sicheren Partnern formen, wenn er auch emotional mit dem Pferd klar kommt, wenn sozusagen »die Chemie« stimmt.

Richtiger Rennpass begeistert Reiter und Pferd gleichermaßen

Für Reiter und Pferd eine Erholung: Der gemeinsame Ausritt in der Gruppe

Rennpass ist ein ausgesprochenes Sprint-Vergnügen. Er erfordert aufgrund seiner hohen Geschwindigkeit viel Kraft und wird auf Wettbewerben zum Beispiel auf einer geraden 150- oder 250-Meter-Bahn geritten. Auf einem geraden Waldweg – womöglich nebeneinander im Rennfieber – kann diese Strecke auch mal etwas länger sein. Entscheidend ist immer, daß das Pferd locker bleibt und gut wieder in den Tölt oder Trab zurückgenommen werden kann.

Langsamer Pass ist zumeist kein Zeichen für eine besondere Rennpass-Veranlagung des Pferdes. Er zeigt nur, daß das Pferd schlecht geritten ist und sich deshalb verspannt.

Viele Viergänger gehen Pass statt Tölt, wenn sie nicht so gut ausgebildet und geritten sind, daß sie zwanglos gehen können. Auch faule Pferde gehen gerne den sogenannten »Schweinepass«, weil sie sich aus lauter Unlust am Laufen in den schnelleren Gängen nicht lösen wollen. Für den Freizeitreiter ist der langsame Pass aber immer noch viel bequemer als ein Pferd, das trabt.

Gute Pferde – guter Charakter

Wesentliches Kriterium für die Qualität eines Pferdes ist dessen Charakter. Ein Pferd, das in dieser Hinsicht keine Wünsche offen läßt, verhält sich dem Menschen gegenüber anständig, aufmerksam, arbeitseifrig und dennoch gelassen. Gute Pferde sind zuverlässig brav und trotzdem nicht stumpf, sie haben Temperament und sind trotzdem immer zu zügeln. Sie halten Distanz zum Menschen und sind trotzdem zutraulich. Sie geben ihrem Reiter das Gefühl, daß sie sich für ihn ins Zeug legen, lassen ihn in punkto Leistung weder auf dem Turnier noch auf einem Wanderritt im Stich.

▶ Glücksfall: Das richtige Pferd

Der Wunsch weiterzukommen, der Traum von der perfekten Harmonie zwischen Reiter und Pferd ist das, was das Reiten im Tölt oder die Arbeit für den kurzen »Kick« im Rennpass so spannend und kurzweilig macht.

Sehr gute Reiter können solche Höhenflüge mit fast jedem Pferd erleben. Sie können ein Pferd auch weiter ausbilden.

Wer aber »nur« sein Hobby genießen will, mit dem Islandpferd im Gelände und auf dem Turnierplatz die Freizeit verbringen oder auch Erfolge erreichen will, sollte sich bei der Auswahl seines vierbeinigen Partners gut beraten lassen. Nicht allein das Gangvermögen sollte bei dieser Entscheidung wichtig sein. Auch der Charakter und das Temperament des Pferdes spielen eine wesentliche Rolle.

Es gibt Pferde, denen ihr Reiter sehr viel zu verdanken hat – Pferde, die man aufgrund ihrer Ausstrahlung, ihrer Intelligenz und ihres hervorragenden Willens kennt, wenn sie eine Turnierlaufbahn eingeschlagen haben. Solche Pferde wollen mehr als »nur« laufen. Sie bieten sich ihrem Reiter in jeder Situation in Bestform an, lassen ihn nie hängen, nutzen Schwächen nicht aus – vor allem dann nicht, wenn es darauf ankommt.

Wichtig ist bei der Auswahl des Pferdes auch, daß sich der Reiter keine zu große Aufgabe stellt. Anfänger oder eher unerfahrene Umsteiger sollten erste Islandpferde-Erfahrungen auf einem möglichst sehr gut ausgebildeten Pferd machen. Von diesem können sie meist so viel lernen, daß sie während ihrer ganzen

Das richtige Pferd ist ein unersetzlicher Kamerad

PROFI·TIP

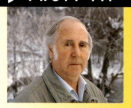

Prof. Dr. Isenbügel

Zum täglichen Gesundheits-Check gehört das kontrollierende Streicheln über den ganzen Körper des Pferdes. Dabei fühlt der Reiter Schwellungen oder kleinere offene Wunden und ob das Pferd schmerzempfindlich reagiert. Besondere Beachtung finden dabei die Beine und Sehnen. Verdickungen oder Veränderungen in diesem Bereich sollten dem Tierarzt gezeigt werden. Täglich kontrolliert man außerdem die Hufe. Vor dem Ritt läßt man das Pferd kurz an der Hand traben, um Störungen im Bewegungsablauf erkennen zu können.

Ein gutes Pferd und konsequente Anleitung führen schneller zum Ziel

Gute Pferde sind ihr Geld wert

Wer ein gutes, solide ausgebildetes Islandpferd erstehen will, sollte sich sorgfältig beraten lassen. Es ist immer sinnvoll, sich auf verschiedenen Gestüten umzusehen, unterschiedliche Pferde auszuprobieren und mehrere erfahrene Islandpferdereiter um Rat zu fragen. Man sollte sich darüber im Klaren sein, daß vor allem zwei Komponenten den Preis des Pferdes prägen: dessen natürliche Veranlagung zu Tölt oder Rennpass und dessen Ausbildungsstand. Ungeübte Reiter haben schlecht gewählt, wenn sie aus Kostengründen ein unerfahrenes Pferd erstehen.
Es ist damit zu rechnen, daß ein erfahrener Tölter ohne besonderes Gangvermögen rund 7000 Euro kostet.

Reiterlaufbahn dankbar an den ersten vierbeinigen »Lehrmeister« zurückdenken.

Auch Kindern, die in ihre Aufgabe hineinwachsen und Spaß am Reiten bekommen oder diesen behalten sollen, baut man besser keine zu hohen Hürden. Müssen sie etwa jahrelang auf einem eher hartnäckigen Viergänger um die ersten Töltschritte kämpfen, ist meist schon so viel Vertrauen zerstört, daß es mit der Turnierlaufbahn nichts mehr wird – und mit dem Spaß am Reiten auch nicht ...

Haben sie hingegen anfangs einen leicht zu reitenden Naturtölter, spüren sie schnell, wie es richtig geht, und entwickeln nicht selten bewundernswerte Begabung.

Die Annahme, ein »schlechtes« Sportpferd tauge gut fürs Freizeitreiten, ist aus zwei Gründen falsch. Zum einen tut es nämlich auch jedem Sportpferd gut, wenn es einmal einen Wanderritt mitmachen darf. Zum anderen werden mangelnde Harmonie zwischen Reiter und Pferd sowie Ausbildungsfehler beim Wanderritt am ehesten entlarvt. Hartnäckige Viergänger oder einstudierte Tölter lassen sich kaum mehr zum Tölten überreden, wenn sie nach einigen Stunden Ritt müde werden. Verspannte Pferde werden immer hektischer, schwitzen extrem und sind bald am Ende ihrer Kraft.

Nur wenn das Pferd gelernt hat, in der Balance locker zu laufen und der Fluß der Bewegung durch den ganzen Körper geht, können Pferd und Reiter den Ritt von Anfang bis Ende genießen. Auch deshalb sollten Freizeitreiter sich die besten Pferde suchen, die sie finden können – vor allem aber diejenigen, die am besten ausgebildet sind. Kriterien für die Entscheidung für das passende Pferd und den Weg, wie man sich mit diesem dann auch versteht, vermittelt dieses Buch.

Ein Gaedingar der Superlative und das Starpferd des Landsmots 1994: Raudhetta frá Kirjubaer

▶ **Wichtig: Der richtige Boden**

Geeignet sind Wege mit ebenem, festem aber federndem Geläuf:
- ▶ Schotterwege
- ▶ trockene Wiesenwege
- ▶ fester Sandboden etwa bei Ebbe am Meer
- ▶ Teerstraßen (möglichst selten)
- ▶ federnder, fester Waldboden

Ungeeignet sind
- ▶ Wiesenwege mit tiefen Furchen

Ovalbahn und Passbahn

Ende der 60er Jahre wurde die sogenannte Ovalbahn erfunden. 1970 wurde der erste Töltpreis auf dieser heute noch gebräuchlichen Prüfungsstrecke ausgetragen. Die etwa sechs Meter breite, ovale Rundbahn hat einen Belag aus hartem, aber federndem Material. Eine Runde entsprach in den Gründungsjahren einer Wegstrecke von 200 Metern. Inzwischen gibt es größere Bahnen und auch solche mit geradem Schenkel (sogenannte P-Bahnen), auf deren verlängerter Seite Rennpass gezeigt werden kann.

Eine optimale Passbahn sollte mindestens 300 Meter lang und sechs (oder mehr) Meter breit sein. Das Geläuf muß fest, eben und federnd sein. Rechts und links sollte die Strecke von einem gut sichtbaren Band oder Zaun begrenzt sein. Wird die Bahn auch zum Training benutzt, ist ein fester Zaun auf mindestens einer Seite von Vorteil. Die Rennstrecke beträgt 250 Meter – an ihrem Beginn sind rund zehn Meter Platz notwendig, damit die Pferde hinter der Startmaschine stehen und von dort in den Boxen in Position gebracht werden können; an ihrem Ende braucht die Passbahn einen möglichst langen Auslauf, damit die Reiter genügend Zeit haben, ihre Pferde ruhig und weich zu parieren.

Im Gelände findet sich das Islandpferd im Grunde mit jedem Boden zurecht

▸ weicher, tiefer Sand in den Dünen oder im Dressurviereck
▸ matschige Wege mit vielen Schlaglöchern
▸ Kieswege mit großen, groben Steinen

Dabei kann es ruhig bergauf oder lieber noch bergab gehen, denn diese Abwechslung macht es dem Pferd leichter, die ideale Form zum Tölten zu finden. Wenn die Pferde locker sind, ist es für Zwei- und Vierbeiner ein herrliches Vergnügen, eine längere Strecke mit leichtem Gefälle bergab zu tölten (siehe Seite 83).

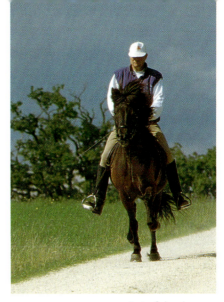

Feste, federnde Böden sind zum Töltreiten ideal. Am liebsten haben es die Pferde, wenn es dabei noch leicht bergab geht

▸ **Hilfreich: Die richtige Ausrüstung**

Grundsätzlich braucht man für die Arbeit mit dem Gangpferd wie bei jedem anderen Pferd auch eine Trense, einen Sattel, (meistens) eine Gerte und gegebenenfalls Schutzmaterial für die Beine.

Ein Wort zum Gebiß

Jeder Reiter kennt das Problem oder wird einmal in seiner Laufbahn damit konfrontiert: Das Pferd reagiert »im Maul« nicht so, wie man es gerne hätte. Es schäumt nicht, legt sich aufs Gebiß, hat Zungenprobleme oder, oder, oder.

Daß man in dieser Situation die unterschiedlichsten Zäumungen ausprobiert, ist verständlich. Doppelt gebrochen, Gummi oder Kupfer, mit Röllchen oder Zungenfreiheit – der Markt bietet die unterschiedlichsten Möglichkeiten. Und es ist im Prinzip nichts dagegen einzuwenden, wenn man danach sucht, was dem Pferd offensichtlich am besten mundet.

Pelham mit Trensen- und Kandarenzügel

Doppelt gebrochene Knebeltrense

Doppelt gebrochene Wassertrense

Wichtig ist nur, daß man sich darüber im Klaren ist, daß die Ursache der oben beschriebenen Probleme in den seltensten Fällen im Maul des Pferdes zu finden ist. Ein Pferd, das losgelassen ist und bei dem der Fluß der Bewegung stimmt, geht mit jedem Gebiß gut. Erst für höhere Weihen werden dann Pelham, Islandkandare und Kandare interessant.

Ebenso verhält es sich mit der Zäumung: Jeder Reiter sollte wissen, daß der Nasenriemen, ganz gleich ob englisch, hannoversch oder kombiniert verschnallt, das Maul des Pferdes nicht zubinden soll. Diese Unterstützung ist immer eine »Krücke«, die eigentliche Probleme in der Feinabstimmung der Kommunikation zwischen Reiter und Pferd kaschieren hilft. Ein Pferd, das losgelassen und flüssig geht und das mit der Hilfe der Reiterhand etwas anfangen kann, sperrt das Maul kaum auf, wenn die Zügeleinwirkung erfolgt. Vor allem im Freizeitbereich kann der Reiter eines gut ausgebildeten Pferdes deshalb auf Sperrhalfter ganz verzichten.

Beim Wechsel des Gebisses muß der Reiter einkalkulieren, daß nach etwa drei Wochen auch mit der neuen Zäumung wieder alles beim alten ist. Es ist durchaus legitim, dieses Wissen zu verwenden, um sich und dem Pferd das Miteinander zu erleichtern. Wer dann in dieser Zeit etwas an seiner Reitweise ändern will, kann mit dem Wechsel des Gebisses das Pferd sozusagen in die Veränderung mit einbeziehen. Das andere Gebiß ist dann das Signal dafür, daß etwas Neues ausprobiert wird. Oder es ist, besonders

Islandkandare

wenn es sich um ein Pelham handelt, kurzfristig ein gutes Mittel, die Hilfe noch besser auf den Punkt zu bringen. Mit dem Pelham hat der Reiter nämlich die Möglichkeit, zwischen Kandarenzügel und Trensenzügel zu variieren und besser durchzusetzen, daß das Pferd die Hilfe auch »durchs Genick« läßt.

Ähnliche Wirkung hat die Islandkandare, wobei diese Art der Zäumung wenig Möglichkeiten der seitlichen Begrenzung läßt. Die Islandkandare ist das optimale Gebiß, um geradeaus und vor allen Dingen schnell zu reiten.

Der geeignete Sattel

Bei der Auswahl des geeigneten Sattels muß der Reiter darauf achten, daß der tiefste Punkt des Sattels in der Mitte der Sitzfläche liegt. Ansonsten riskiert er, daß sein Pferd einem vermehrten Druck am Widerrist oder in der Lende ausgesetzt ist. Das tut dem Pferd weh und führt zu Verspannungen. Grundsätzlich sollte die Fläche, mit der der Sattel auf dem Rücken aufliegt, möglichst groß sein. Ein Sattel mit verlängerten Trachten ist deshalb zum Wanderreiten ideal.

Wer allerdings mit seinem Pferd arbeiten und es dabei stellen und biegen will, sollte einen Sattel ohne verlängerte Trachten wählen. Die extrem lange Auflagefläche des Trachtensattels begünstigt nämlich die Brückenbildung – das heißt, das Pferd ist in der Biegung einem Druck vorne und

DIE RICHTIGE AUSRÜSTUNG

hinten ausgesetzt, während die Mitte des Sattels nicht aufliegt. Das schmerzt und wirkt der Stellung entgegen. Außerdem sollte der Reiter darauf achten, daß die Sitzfläche des Sattels nicht zu breit ist. Dies erschwert sonst den Schenkelkontakt.

Der Reiter kann selbst kontrollieren, wie sein Sattel »wirkt«, wenn er diesen nach der Arbeit abnimmt. Dort, wo der Rücken dem Druck ausgesetzt ist, ist das Fell trocken. Diese »trockene« Stelle sollte auf beiden Seiten des Rückens gleichmäßig, möglichst groß und nicht unterbrochen sein. Ein ungleichmäßiger Abdruck kann allerdings auch Indiz dafür sein, daß das Pferd nicht gleichmäßig gearbeitet wurde.

Schweifriemen

Wenn der Sattel richtig aufliegt, kann der Reiter auf eine weitere Unterlage problemlos verzichten. Viel seltener zu entbehren ist hingegen der Schweifriemen. Da die Sattellage bei vielen Isländern nicht optimal und der Widerrist eher schwach ausgeprägt ist, rutscht der Sattel leicht. Es gibt zwei Möglichkeiten, das zu verhindern: mit dem Vorgurt oder einem Schweifriemen.

Ein Vorgurt ist ein zusätzlicher Riemen um den Rumpf des Pferdes, der direkt am Widerrist unter dem Sattel liegt und diesen mit zwei hornähnlichen Bügeln am Nach-vorne-Rutschen hindern soll. Der Vorgurt hält aber nicht immer zuverlässig – vor allem, wenn das Pferd einen schlechten Widerrist hat. Außerdem scheuert der Gurt gern den empfindlichen Hautbereich direkt hinter den Vorderbeinen auf.

Gleichmäßiger trockener Abdruck, wenn der Sattel richtig liegt

Auch beim Islandpferd sollte man einen Sattel verwenden, dessen tiefster Punkt in der Mitte der Sitzfläche liegt. Liegt dieser Schwerpunkt zum Beispiel zu weit hinten, drückt der Sattel auf die Lenden und bereitet dem Pferd Schmerzen

Der Schweifriemen verhindert ein Rutschen des Sattels, indem er diesen am Pferdeschweif »festbindet«. Er wirkt zuverlässiger als der Vorgurt, kann aber, wenn er zu stramm ist, das losgelassene Gehen des Pferdes behindern. Deshalb sollte der Reiter mit einem Griff hinter sich immer mal wieder den Zug kontrollieren.

Beschlag und Glocken

Grundsätzlich ist es sinnvoll, beim Beschlag des Pferdes Rücksicht auf dessen Gangveranlagung zu nehmen. Es kann bei der Suche nach der richtigen Haltung und dem Takt durchaus helfen, mit Eisen und Glocken kurzfristig geringe Gewichtsunterschiede einzubauen. Der Reiter muß aber wissen, daß Gewicht vorne das Pferd auf die Vorhand bringt. Will er sein Pferd über die Zwanglosigkeit hinaus ausbilden, erschwert jeder Gewichtsunterschied zwischen Vor- und Hinterhand die Arbeit.

Je weniger Gewichtsunterschied ein Pferd braucht, um taktklar gehen zu können, desto näher ist es der erwünschten Losgelassenheit. Wer sein Pferd versammeln will und in dieser Phase immer noch Gewicht an den Vorderbeinen hat, arbeitet gegen das Pferd. Der Reiter, der diese Zusammenhänge verstanden hat, wird die leichtesten Glocken wählen, die er finden kann, wenn sein Pferd im hohen Tempo (und in den dann engen Ovalbahn-Kurven) einen Schutz braucht.

Wird immer häufiger benutzt: Der sichere Reithelm

Im schnellen Tölt oder Rennpass unerläßlich: Die Glocken

DIE RICHTIGE AUSRÜSTUNG

▶ **Fragen, die sich jeder stellt**
Ist Tölt für das Pferd angenehm?

Ein solide ausgebildetes Pferd, das locker ist und sich im Gleichgewicht befindet, hat Spaß am Tölten. Schwer fällt den Pferden diese Gangart nur, wenn sie sich nicht im Geleichgewicht befinden und vom Reiter in eine unnatürliche Haltung gezwungen werden (siehe Seite 112–115 und 100–101).

Wieso fällt mein Pferd nach wenigen Metern Tölt in den Trab, den Galopp oder geht steifen Pass? Wieso töltet es erst gar nicht oder geht nur langsam gut?

Stellen sich dem Reiter diese Fragen, so stehen er und sein Pferd noch am Anfang eines langen Ausbildungsweges. Das Pferd-Reiter-Paar befindet sich noch nicht im Gleichgewicht. Die Mitte zwischen Trab und Paß, der lockere, flüssige Tölt, ist noch nicht gefunden. Oft wird auch der Fehler gemacht, daß Tölten als Dressurakt in gezwungener Haltung geübt wird. Das aber strengt beide an, Mensch und Pferd. Viele Reiter sind frustriert, die Pferde haben keine Lust mehr zu laufen, wehren sich oder gehen nicht mehr vorwärts. Dieses Buch zeigt Möglichkeiten auf, aus einem solchen Dilemma herauszukommen. Vor allem aber will es das Verständnis wecken für den Tölt (und den Rennpaß) als vollkommen natürliche Gangart. Mit einem Pferd, das gelernt hat, losgelassen und ausdrucksvoll zu tölten, kann der Reiter sein Hobby in vollen Zügen genießen.

Turnierreiter bei der Eröffnungsparade

Ist Rennpass für das Pferd angenehm?

Wenn ein Pferd gut trainiert ist und locker laufen gelernt hat, ist es meist ganz gierig auf den Rennpass. Viele Pferde sind auf den Trainingsstrecken oder in den Prüfungen so heiß aufs Rennen, daß ungeübte Reiter Mühe haben, den Rennpass zu verhindern.

Den Spaß an diesem Geschwindigkeitsrausch behält das Pferd sein Leben lang, wenn der Reiter es so ausbildet, daß Rennpass nicht zugleich Streß bedeutet. Was dabei zu beachten ist, kann man ab Seite 33 nachlesen.

Wieso springt mein Pferd nach wenigen Metern aus dem Rennpass in den Kreuzgalopp? Wieso geht es immer durch? Oder wieso geht es nur langsamen Pass?

Wenn beim Rennpass-Training derartige Probleme auftreten, gibt es dafür hauptsächlich zwei Gründe:

Zum Ersten kann es sein, daß die Pass-Veranlagung des Pferdes nicht ausreicht fürs Rennen. Besonders bei Pferden, die im Pass nicht schnell laufen können.

Zum Zweiten, und das ist der wesentlich häufigere Grund, ist das Pferd falsch geritten. Es verspannt sich im Rennpass und nimmt keine Hilfen mehr an. Dieses Problem läßt sich abstellen, wenn der Reiter sein Pferd gründlich ausbildet, so daß es auch im rasanten Tempo losgelassen gehen kann und sich jederzeit im Gang wieder in Richtung lockerer Bewegung verändern läßt. Wie man mit seinem Pferd so weit kommt, erklärt dieses Buch.

Basiswissen Tölt

Tölt ist – wie Schritt, Trab und Galopp – eine natürliche Gangart des Pferdes.

Trotzdem funktioniert Töltreiten nicht wie Trab- oder Galoppreiten. Denn es gibt sie nicht, die Tölthilfe.

Das läßt sich am besten damit erklären, daß ein Pferd nur tölten (und Paß gehen) kann, wenn es sich in einem ganz bestimmten Zustand befindet: Es muß im Gleichgewicht sein, im Viertakt die Balance gefunden haben.

Der gute Tölter geht ausdrucksvoll und wirkt auf seinen Betrachter leichtfüßig und beweglich. Soll sich der Tölt schön anfühlen, so muß die Bewegung locker durch den ausbalancierten Körper fließen.

Wichtigste Grundlage fürs Tölt- (und Paß)reiten ist, daß der Reiter ein Gefühl für diese Balance entwickelt, die das Pferd zum Tölten braucht, und ein Gespür für den Fluß der Bewegung. Erst wenn er dieses Stadium erreicht hat, gibt es eine Basis für die weitere Ausbildung der Spezialgangarten. Einfacher ist das zu reiten, wenn man auch in der Theorie Grundlegendes über die Gangart Tölt weiß.

Gangreiten mit Gefühl

26 ▶ Was ist Tölt?
27 ▶ Tölt hören
28 ▶ Tölt sehen
30 ▶ Tölt fühlen
31 ▶ Tölt formen

▶ **Was ist Tölt?**

Tölt ist ein Viertakt. Das Pferd fußt hinten links, vorne links, hinten rechts, vorne rechts. Dieser Viertakt kann in unterschiedlichen Tempi geritten werden, wobei jedes Pferd ein Lieblingstempo (Gebrauchstempo) hat. Wie weit sich dieses Gebrauchstempo verändern läßt, ohne daß der Takt verloren geht, hängt von der Ausbildung des Pferdes ab.

Der richtig gute Tölter kann mindestens zwei verschiedene Tempi gehen – und zwar so, daß der Zuschauer sowohl im schnellen wie auch im langsamen Tempo nie das Gefühl hat, daß Töltreiten schwierig ist. In Island sind bei der Bewertung von Zuchtpferden deshalb zwingend zwei verschiedene Tempi Tölt vorgeschrieben, wenn das Pferd eine hohe Note bekommen soll. Dies hat dazu geführt, daß hervorragend ausbalancierte Tölter ihr Gangvermögen weitervererbt haben.

Der Unterschied zum Viertakt im Schritt wird deutlich, wenn man genauer betrachtet, wie das Pferd seine Beine setzt. Diese sogenannte Phasenfolge zeigt, daß im Tölt abwechselnd ein und zwei Beine das Pferd tragen (man spricht von Ein- und Zweibeinstütze), während im Schritt zwei und drei Beine (Zwei- und Dreibeinstütze) diese Aufgabe übernehmen.

Die Fuß- und Phasenfolge im Tölt

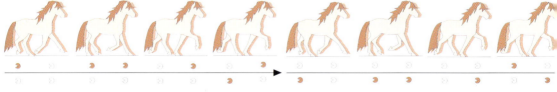

Mit dem Tempo wird die Aktion des Viergängers höher   Der Fünfgänger streckt sich im schnellen Tölt mehr

▶ Tölt hören

Wie die Pioniere am Anfang der Töltgeschichte macht auch heute jeder Ein- oder Umsteiger die erste Tölterfahrung mit dem Ohr. »Black-und-Decker, Black-und-Decker, Black-und-Decker ....« hieß dereinst die Merkformel für taktklaren Tölt. Und damit auch jeder – Reiter, Zuschauer und Richter – sicher wußte, was Sache ist, wurden zumindest das letzte Training und der Wettbewerb auf einer geteerten Straße absolviert. Auf manchen Reitkursen zählt ein solcher Tölt-Test mit dem Ohr noch heute zum Standardprogramm.

Junge Pferde müssen im Tölt zunächst vorwärts-abwärts geritten werden, damit sie sich nicht verspannen

Und im Grunde verrät der wirklich gleichmäßige Takt über eine längere Distanz dem Reiter sehr viel: Stimmt der Rhythmus und hört sich der Viertakt leicht und flüssig an, befindet sich das Pferd im Gleichgewicht. Jede Verspannung – sowohl in Richtung Trab wie auch in Richtung Paß – zeigt sich überdeutlich dadurch, daß der Takt eben nicht mehr leicht, flüssig und gleichmäßig bleibt. Je nach Art der Spannung wird das Auffußen des lateralen oder des diagonalen Beinpaares verstärkt und damit auch hörbar schwerfälliger.

Positiver Bewegungsablauf

Bei der Töltbewertung lassen sich der positive und der negative Bewegungsablauf unterscheiden: Im positiven Bewegungsablauf kommt der Schub aus der tiefen Hinterhand und Kruppe über den gelösten Rücken nach vorne und trägt die Schulter nach oben, aus der die freie Bewegung kommt. Im negativen Bewegungsablauf richtet sich das Pferd falsch auf: Der Kopf kommt dem Reiter entgegen, die Unterhalsmuskulatur ist nach vorne gedrückt, die Schulter bleibt tief, der Rücken ist fest, Hinterhand und Kruppe können nicht unter den Körper treten. Viele Pferde gehen dann mit den Hinterbeinen auch nicht gleichmäßig.

▶ **Tölt sehen**

So leicht es ist, den Tölt zu hören, so schwer ist es für viele Menschen, den Tölt zu sehen. Vor allem in der Anfangszeit galt der hochgezogene Kopf des Pferdes, das womöglich obendrein mit Unterhals lief, als untrügliches Zeichen für diesen Gang.

Betrachten sie heute alte Filme, müssen erfahrene Reiter und Richter oft darüber schmunzeln, daß es einst auch für verkrampften Renntrab Töltnoten gab.

Während Fehler zum Trab mittlerweile zumindest von Insidern meistens entlarvt werden, tun sich viele immer noch schwer, Verspannungen in Richtung Paß aufzudecken. Besonders im Arbeitstempo wirkt optisch oft eher die Höhe der Vorhandbewegung: Ungeübte Betrachter lassen sich von der Vorhand beeindrucken und vergessen die Hinterhand und den Blick auf den Fluß der Bewegung völlig. Die Verkrampfung des Pferdes, das sozusagen vorne strampelt und hinten nicht mitkommt, wird fälschlicherweise als feuriger und attraktiver Ausdruck gedeutet.

Der gut ausgebildete Tölter aber sollte in jedem Tempo losgelassen, rhythmisch und ausdrucksvoll gehen. Zu erkennen ist das an einer harmonischen Haltung, an einer lockeren Bewegung, die trotz Höhe und Weite den Reiter in jedem Tempo mitnimmt und sitzen läßt, sowie schließlich an einem gleichmäßigen, spielerischen Rhythmus der Bewegung. Beim Betrachten freut man sich an der Harmonie, die der eines gut aufeinander eingespielten Tanzpaares gleichkommt.

Untrüglich ist für den Zuschauer gerade oft die »Bauchentscheidung«: »Dieses Pferd würde ich auch gerne reiten«, denkt er bei einer harmonischen Vorstellung. Hat er hingegen den Eindruck, daß es schwierig ist, dieses Pferd zu tölten, stimmt es meist nicht mit der Harmonie zwischen Pferd und Reiter.

So ist es richtig: Je langsamer ein Pferd töltet, desto mehr sollte es durchs Genick gehen. Die Bewegungen müssen mit dem Tempo gleichzeitig an Höhe und Weite zunehmen

> **So erkennt man guten Tölt:**
> - das Pferd geht flüssig und taktklar
> - das Pferd sieht stolz und selbstsicher aus
> - das Pferd kann schnell und langsam taktklar gehen
> - der Reiter kann mühelos sitzen, auch wenn das Pferd hohe Bewegungen hat

▶ Tölt fühlen

Ganz ähnlich wie dem Zuschauer geht es dem Reiter: Ist ein Pferd so weit ausgebildet, daß es in jedem Tempo harmonisch, losgelassen und rhythmisch töltet, empfindet man Töltvergnügen pur. Ob beim Wanderritt, ob im Training oder sogar unter den Augen strenger Richter: Das Tölten macht dann unendlich Spaß.

Auch das Pferd scheint dieses Gefühl zu teilen und läuft bereitwillig, soweit die Puste reicht. Es läßt den Reiter locker sitzen – ganz gleich wie schnell das Tempo ist und wie hoch und weit es die Beine hebt – weil es sich in der Balance befindet und die Bewegung durch den Körper geht.

Anders, wenn diese Harmonie nicht gefunden ist. Die Reiter fühlen sich hilflos, weil sie nicht wissen, wie sie sitzen sollen. Ein Indiz: Sie schwören auf Reithosen mit Voll-Lederbesatz, weil diese es eher erlauben, sich mit den Oberschenkeln festzuhalten und der verspannten Bewegung auszuweichen.

Denn es ist ein Trugschluß zu glauben, die Höhe und Weite der Bewegung sei der Grund dafür, daß ein Pferd den Reiter nicht sitzen läßt. Im Gegenteil! Je höher und weiter die Bewegung, desto besser nimmt das losgelassene Pferd seinen Reiter mit, ermöglicht das rhythmische Mitschwingen im Sitz, vermittelt ein Tanzgefühl. Ist das Pferd hingegen verspannt und festgehalten, ist nicht nur die feine Verbindung zum Maul und die feine Reaktion auf die Hilfen unmöglich. Es kann den Reiter auch nicht sitzen lassen.

Pferde, die eher wenig Temperament haben, sollten häufig im Gelände geritten werden, weil der Tölt viel Energie, Leichtigkeit und Lust am Laufen braucht

▸ **Tölt formen**

Wer den Tölt formen will, nutzt am besten die enge Beziehung der Gangarten zueinander aus. Grundsätzlich ist der Tölt eine Gangart, für die sich das Pferd in der Balance befinden muß. Der Viertakt selbst läßt sich beschreiben als Waage zwischen Trab und Rennpass, da er sowohl die diagonale (trabartige) wie die laterale (passartige) Bewegungsvariante in sich birgt.

Der gewünschte lockere »Naturtölt« liegt genau in der Mitte – und zwar sollte dies sowohl vom Takt als auch von der Haltung her betrachtet (siehe Kreisschema auf Umschlagklappe).

Vereinfacht ausgedrückt muß demnach der Passtölter mehr in Richtung Trab und der Trabtölter mehr in Richtung Pass verschoben werden, wenn der lockere, flüssige Tölt erreicht werden soll. Und zwar nicht nur grundsätzlich in der Ausbildung sollte dies geschehen, sondern auch in der täglichen Arbeit, immer wieder in feinen Nuancen.

Ein Gefühl für dieses Hin und Her zu entwickeln, ist der Schlüssel zur richtigen Tölthilfe zu jeder Zeit. Je eher der Reiter nämlich spürt, daß sich die locker fließende Bewegung in eine Richtung verändert, desto feiner und schneller kann er reagieren. Diese Verflechtungen der Gangarten untereinander sowie Übungen, um das Pferd in die eine oder andere Richtung zu arbeiten, werden deshalb in den folgenden Kapiteln genau beschrieben.

Basiswissen
Rennpass

Rennpass ist der faszinierendste Gang des Islandpferdes. Wer diesen rasanten Gang wirklich beherrscht, dem gebührt die Krone der Islandpferdereiterei. Rennpass zu reiten, lernt man am besten als fortgeschrittener Tölt-Reiter. Denn auch hier braucht man ein bereits gut geschultes Balance-Gefühl und ein Gespür für den Fluß der Bewegung durch den ganzen Körper des Pferdes.

Anders als im Tölt hat der Reiter aber viel, viel weniger Zeit, sich einzufühlen. Er muß sozusagen reflexartig auf jede Veränderung der Balance reagieren. Es ist sehr wichtig, daß die Anzeichen für dieses Kippen aus der erwünschten Balance vom Töltreiten schon vertraut sind, wenn man im richtigen Sekundenbruchteil die passende Hilfe geben will. Es ist aber auch wichtig, daß das Pferd die Hilfen aus den anderen (schnellen) Gangarten bereits kennt, die die Balance wiederherstellen helfen. Je feiner es diese annehmen kann, desto weniger stört das Pferd die Einwirkung und desto schneller ist es auch. Grundlage für jede reiterliche Einwirkung ist aber, daß der Reiter ganz genau weiß, wie der Rennpass theoretisch funktioniert.

Geschwindigkeit ist keine Hexerei

34 ▶ Was ist Rennpass?
35 ▶ Rennpass hören
36 ▶ Rennpass sehen
37 ▶ Rennpass fühlen
39 ▶ Rennpass formen

Die sichersten Rennpasser sind Pferde, die auch im Gelände friedlich zusammen mit anderen geritten werden können

▶ **Was ist Rennpass?**

Der Pass ist streng genommen ein Zweitakt. Das Pferd bewegt sich lateral, setzt das linke Beinpaar (vorne und hinten) auf und nach einer Flugphase das rechte Beinpaar (vorne und hinten). Pass wird grundsätzlich schnell und deshalb auf kurzen, geraden Strecken mit festem Geläuf geritten.

Wenn ganz bewußt nur von Rennpass gesprochen wird, weist das auf ein weiteres Unterscheidungsmerkmal hin: Geht

▶ **Üben kleingeschrieben**

»Rennpass-Reiten ist auch deshalb besonders schwer, weil man es nicht so oft üben kann.« Diese Feststellung eines Reitschülers kann man nur unterstreichen! Selbst im Training muß sich der Reiter zügeln. Mehr als zwei-, höchstens dreimal die Rennstrecke hinunter und das höchstens zweimal pro Woche – da kann es am Anfang gut passieren, daß kein Lauf so richtig funktioniert. Deshalb muß sich der Reiter vor allem auf die gründliche Arbeit in den anderen Gangarten konzentrieren. Wer seinen Fünfgänger geschmeidig, losgelassen und trotzdem flott tölten kann, hat im Rennpass wesentlich bessere Karten als derjenige, der zwar öfter mal Pass geht, aber ansonsten wenig Wert auf Durchlässigkeit legt.

ein Pferd locker, losgelassen und im richtigen Tempo Paß, löst es den Zweitakt auf: Das Hinterbein fußt trotz lateraler Bewegung kurz vor dem Vorderbein auf. Der »Viertakt« ist aber akustisch kaum wahrnehmbar. Der Unterschied zum Tölt bleibt dennoch deutlich, da der Rennpaß eine Flug- oder Sprungphase verlangt.

▶ **Rennpaß hören**

Beim Rennpaß müssen sich die Beobachter einst und heute lange nicht so sehr auf ihr Ohr verlassen wie beim Tölt. Das extreme Tempo läßt Verwechslungen kaum zu.

Rennpaß im Training nicht zu oft gegen andere reiten!

Der erwünschte Vierschlag ist fast nicht wahrzunehmen. Er gibt dem Zuschauer aber das Gefühl, daß das Pferd locker Rennpaß geht – verbunden mit der sicheren Ahnung: Es geht immer noch ein bißchen schneller.

Geht das Pferd hingegen im eher unerwünschten Zweitakt, wirkt es schwerfällig, weil es im Körper bergab geht. Es vermittelt das Gefühl, daß in Sachen Tempo keine Steigerung mehr möglich ist. Dieser Eindruck drängt sich sowohl bei den eher faulen Pferden auf wie auch bei eigentlich guten Rennpassern, die nicht locker gehen und aus Verspannung nah am Zweitakt sind.

Lieber schönen Paß reiten als höchste Geschwindigkeit

Der Reiter und Betrachter hört bei extrem gestreckten und sehr schnellen Pferden also trotzdem immer einen Viertakt. Vom Tölt unterscheidet sich der Rennpaß dennoch klar, weil er eine Flugphase hat.

Mit dem Ohr läßt sich sogar feststellen, ob das Pferd sicher im Paß ist: Gute Passer gehen gleichmäßig wie ein Uhrwerk. Jede Veränderung deutet sich durch hörbare Unsicherheiten an.

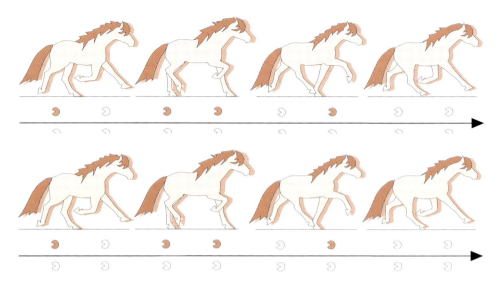

Die Fuß- und Phasenfolge im Rennpass

▶ **Rennpass sehen**

Auf den ersten Blick ist es relativ leicht zu erkennen, ob ein Pferd Rennpass geht. Das hohe Tempo, die typische gestreckte Rennhaltung und die wenigen Möglichkeiten, unsauber zu gehen, erleichtern das Erkennen der Gangart. Eigentlich kann ein richtig schnelles Pferd nämlich nur in den Galopp abspringen – und das sieht auch der Laie sofort.

Trotzdem gibt es auch bei der Bewertung von Rennpass optische Grenzfälle: Einerseits ist es nämlich nicht ganz einfach, bei einem wirklich lockeren Pferd den Übergang vom Tölt in den Pass zu sehen. Nur ein geübtes Auge erkennt den Moment, in dem die Flugphase erreicht ist. Strittige Entscheidungen gibt es vor allem im Fünfgang auf der Ovalbahn, wo manche Pferde das zur Streckung und damit zum Rennpass notwendige Tempo nicht erreichen. Andererseits wird es vor allem bei den Richtern entlang der Pass-Strecke immer wieder diskutiert, wie ein leichtes »Rollen« im Rennpass zu bewerten ist.

Als Rollen bezeichnet man es, wenn die Beine des Pferdes ungleich fußen und damit eine Verschiebung in Richtung Galopp andeuten. Rollen kann das Pferd sowohl mit den Hinter- wie auch mit den Vorderbeinen. Die Wirkung ist nicht dieselbe: Rollt das Pferd mit den Hinterbeinen, ist es sehr schwierig, es wieder in die gewünschte Streckung zu bekommen. Denn wenn es hinten rollt, kommen Hinterhand und Kruppe des Pferdes nach oben – es gerät in den negativen Bewegungsablauf. Der Reiter muß Tempo wegnehmen, bis das Pferd wieder gleichmäßig tritt.

Springt oder rollt das Pferd hingegen mit den Vorderbeinen, bewerten viele Ausbilder und erfahrene Reiter dies eher positiv, denn das Pferd öffnet damit die steife Bergab-Bewegung, kommt mit der Schulter wieder mehr nach oben und so über den angedeuteten Dreitakt in Richtung Viertakt. Läßt der Reiter das Rollen nicht zu, springt das Pferd mit großer Wahrscheinlichkeit in den Kreuzgalopp ab oder wechsel (tribuliert, siehe Seite 40).

Schneller, guter Rennpass sieht harmonisch aus. Das Pferd bewegt sich leichtfüßig und nimmt trotz des hohen Tempos die Hilfen an.

▶ **Rennpass fühlen**
Richtig schneller und schöner Rennpass macht Lust auf mehr. Das gut ausgebildete Pferd läßt sich aus dem Galopp sehr leicht in den Pass umstellen (»legen«), es kann manchmal sogar genügen, daß sich der Reiter einfach im Sattel aufrichtet. Beim Gangwechsel streckt sich das Pferd gleichmäßig an beide Zügel heran – und dann geht die Post ab: Ein Rennpasser, der richtig anzieht, vermittelt ein unvergleichliches Bergauf-Ge-

Rennpasser brauchen viel Kraft. Sinnvoll ist es, diese nicht nur vom Sattel aus zu trainieren. Zum Konditionstraining eignet sich die Arbeit an der Hand hervorragend

fühl. Diese Tendenz sollte während der ganzen Rennstrecke erhalten bleiben, jeder Ansatz in Richtung bergab muß beim Reiter die Alarmglocken zum Schrillen bringen. Je früher es ihm gelingt, diesem Fehler entgegenzuwirken, um so feiner und harmonischer sind seine Hilfen, und er spart damit wertvolle Zeit, auf die es im Passrennen ja in allererster Linie ankommt.

Und nicht nur das: Es ist ein beeindruckendes Erlebnis und ein wichtiger Baustein des unvergleichlichen Rennpass-Gefühls, bei unheimlicher Energie und Kraft während des Rennens trotzdem ein kontrollierbares Pferd unter sich zu haben.

> **So erkennt man guten Pass**
> - das Pferd ist richtig schnell und gestreckt
> - es hat hohe, weite Bewegungen
> - es bewegt sich rhythmisch
> - der Reiter muß wenig tun
> - die Hilfen sind kaum sichtbar

▶ Rennpass formen

Wie in den anderen Gangarten auch, muß der Reiter dem Pferd im Rennpass helfen, seine Haltung zu finden. Dies funktioniert aber nur dann, wenn das Pferd sich selbst im hohen Tempo beeinflussen läßt und auch im Renn-Streß mit Gewichts-, Schenkel- und Zügelhilfen etwas anfangen kann. Wie die Basis dieser guten Zusammenarbeit zwischen Reiter und Pferd gelegt werden kann, beschreiben die folgenden Kapitel.

Grundsätzlich aber kann der Reiter ein Pferd, das in der Vorhand zu tief kommt, zum Beispiel in Richtung Galopp ver-

Um Rennpass zu fühlen, ist es nicht immer wichtig, aufs Tempo zu drücken. Entscheidend ist, daß der Reiter Geschmeidigkeit und Art der Bewegung kennenlernt

Je gestreckter der Rennpasser geht, desto schneller ist er. Viertakt-Passer gehen in einer höheren Haltung

schieben (ein Rollen bewußt provozieren), damit wieder eine Berg-auf-Bewegung entsteht und der positive Bewegungsablauf der Schulter erreicht wird.

Außerdem ist es besonders im Rennpass wichtig, daß das Pferd gelassen auf den Reiter hört und so fein reagiert, daß es sich nicht der Einwirkung entzieht. Der Reiter muß beispielsweise jederzeit verhindern können, daß sein Pferd schief wird und damit über eine Schulter abspringt und davongaloppiert. Dazu muß er so früh wie möglich auf jede Veränderung in dieser Richtung spüren und

> ### ▶ Wechseln oder Tribulieren
>
> Der Begriff Wechseln beschreibt folgenden Vorgang: Das Pferd verspannt sich im Rücken. Der Fluß der Bewegung ist unterbrochen, die Schulter des Pferdes kommt tief. Das Pferd geht Passtölt oder im Pass sehr stark am Zweitakt und steht aufgrund dieses Kippens mit dem Vorderbein schließlich so lange am Boden, daß die Hinterhand keinen Platz mehr findet. Aus diesem Dilemma hilft sich das Pferd, indem es das Hinterbein einfach in der Bewegung ausläßt. Der Reiter hat das Gefühl, als mische das Pferd einmal alle Beine durcheinander – um dann (zumindest die ersten Schritte) im positiven Bewegungsablauf und damit bequem weiterzulaufen.

richtig darauf reagieren. Und das Pferd muß die lateralen Hilfen (siehe Seite 57) so gut verstanden haben, daß es sie auch noch im Rennstreß annimmt.

Dieser Ausflug in die Theorie deutet an, daß sich der Rennpasser durchaus schulen läßt und auch, was in der Arbeit mit dieser Gangart möglich ist. Es ist also kein Zufall, wenn gut ausgebildete Pferde im Rennen auf dem Turnier (fast) immer sicher liegen und das Passreiten mit ihnen ganz einfach aussieht. Diese Beobachtung sollte all jenen Reitern Mut machen, die mit ihren Pferden noch Schwierigkeiten im Rennpass haben. Die Botschaft für sie: Es mag zwar manchmal ein langer Weg sein, aber es ist möglich, jedes entsprechend begabte Pferd im Rennpass so zu reiten, daß es Spaß macht.

Wer Gehwillen, Charakter und Form des Pferdes unter einen Hut bringen will, braucht ein gutes Gespür für den Moment, in dem man von dem Pferd Rennpass fordern kann und will

PROFI·TIP

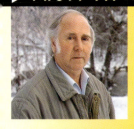

▶ **Prof. Dr. Isenbügel**

Ein Pferd hat ausreichend Kondition, wenn Puls und Atmung sich nach zehn Minuten Ruhezeit wieder normalisiert haben. Zur Kondition gehört auch der allgemeine Gesundheitszustand. Das Pferd sollte gesunde Beine haben, weder zu fett, noch zu mager sein und es muß regelmäßig entwurmt werden. Außerdem muß das Pferd psychisch im Lot sein. Es bemüht sich dann in der Regel, den Reiter zu unterstützen, ist nicht hektisch und schwitzt auch nicht übermäßig.

Rennpass-tauglich?

Der Reiter kann sich im Rennpass versuchen, wenn er unabhängig von der Bewegung sitzen kann. Außerdem sollte er sein Pferd sozusagen »150-prozentig« unter Kontrolle haben. Das zeigt sich am ehesten, wenn er auch in anderen Gangarten schnell reiten kann und im Tölt mehrere Tempi beherrscht. Auch in Punkto Bewegungsgefühl sollte der Reiter sich so sicher sein, daß er vergleichsweise schnell spürt, was der Rücken seines Pferdes macht.

Obendrein ist es sinnvoll, wenn er aus dem Töltreiten weiß, wie er auf ein Hochkommen des Rückens reagieren und dieses rechtzeitig abstellen kann, ehe das Pferd vorne zu tief wird, wechselt (tribuliert) und dann im Galopp abspringt. Im Rennpass muß der Reiter nämlich sehr früh merken, in welche Richtung sich die Bewegung entwickelt, wenn er gefühlvoll, gezielt und wirkungsvoll einwirken will.

Ein Pferd ist dann rennpass-tauglich, wenn es genügend Kraft für eine längere Strecke im schnellen Gang entwickeln konnte. Außerdem muß das Pferd unbedingt gelernt haben, auch im Streß des Rennens die Hilfen ohne Probleme anzunehmen.

Grundsätzlich muß sich der Reiter darüber im Klaren sein, daß Rennpass-Reiten sozusagen Vertrauenssache ist. Je weniger schlechte Erfahrungen ein Pferd macht, desto sicherer ist es. Gute Karten hat deshalb als Reiter, wer viele Möglichkeiten des Scheiterns schon vorher in Betracht zieht und so entdeckte Fehlerquellen auszuräumen versucht. Je mehr Selbstbewußtsein der Reiter seinem Pferd geben kann, desto häufiger sind sichere Läufe. Wer zuviel riskiert und sein Pferd damit überfordert, aber auch wer wieder und wieder Pass reitet, riskiert eine geringe »Trefferquote«.

Der Reiter muß alle Möglichkeiten kennenlernen, die zu Fehlern führen

▶ Problem: Rennpass halten

Keinerlei Schwierigkeiten haben die meisten Reiter, den Rennpass zu halten, solange sie nach dem Legen noch schneller werden können (das Pferd zieht richtig an). Schwieriger wird es, wenn das Tempo erreicht ist, und über die vergleichsweise lange Strecke der Fluß und die Geschmeidigkeit erhalten werden müssen. Mit Pferden, die keine Temperamentsprobleme haben, kann man die »Technik« dafür ruhig einige Male im mittleren Tempo üben, um so die Rittigkeit im Rennpass zu erreichen (siehe Übungen ab Seite 74). Bei Rennpassern mit Biß ist es sogar ganz gut für den Geist, wenn Pass gehen nicht jedes Mal Streß bedeutet. Bei Passern, die zu wenig Pep haben, sollte man auf das Üben im mittleren Tempo verzichten.

Am Anfang ist das Gefühl für die Gangart besonders wichtig

Das Tempo spielt erst eine untergeordnete Rolle und wird im Laufe der Ausbildung wichtiger

▶ Die richtige Form

Je gestreckter das Pferd im Rennpass geht, um so schneller ist es. Der Reiter muß dabei allerdings wissen, daß mit der Streckung die Gefahr immer größer wird, daß das Pferd zum Zweitakt kommt und im Kreuzgalopp abspringt.

Handwerkszeug für Tölt und Pass

Es mag ihn geben, den absoluten Gefühlsmenschen, der sozusagen aus dem Bauch heraus im richtigen Moment richtig einwirkt. Die meisten Reiter aber sind erfahrungsgemäß irgendwann von den vielen Anfragen überfordert, die die Zusammenarbeit mit dem Pferd an ihr Gefühl stellt. Sie brauchen deshalb ein Konzept, das ihnen hilft, das Chaos aus Eindrücken und Einwirkungen zur Harmonie zwischen Reiter und Pferd zusammenzuführen.

Die im Folgenden beschriebenen Bausteine sollten niemals für sich betrachtet, geübt und abgehakt werden. Sie sind vielmehr das Handwerkszeug, das der Reiter zur Verfügung hat und je nach Bedarf einsetzt – einzeln, kombiniert, abwechselnd, nacheinander oder gleichzeitig.

Dieses Kapitel beschreibt die Hilfen, die den Reiter zum richtigen Tölt führen. Am schnellsten entwickelt er ein Gespür für seine Einwirkung, wenn er auf einem gut ausgebildeten Pferd übt, denn dieses reagiert oft schon, wenn die Einwirkung der Spur nach richtig ist. Dann ist, was sich theoretisch ganz kompliziert anhört, auf einmal ganz einfach, weil man die Wirkung spürt.

Vom Chaos zur Harmonie

46	▶	Wie der richtige Sitz entsteht
50	▶	Was man über Gewicht, Kreuz und Schenkel wissen sollte
54	▶	Die ruhige Reiterhand – ganz schön unpraktisch
57	▶	Die lateralen Hilfen
62	▶	Wie es weitergeht
63	▶	Abwechslung und viel Gelände

▶ **Wie der richtige Sitz entsteht**

Keine Frage, die beste Einwirkung und das richtige Gefühl für die Bewegung kommen aus dem korrekten Sitz: entspannt auf beiden Gesäßknochen, die Beine aus dieser Position flach am Pferd liegend gerade nach unten, der Schenkel damit in der richtigen Position, der Oberkörper aufrecht, die Hände und Arme als direkte, ununterbrochene Verbindung zum Pferdemaul.

In fast allen klassischen Reitlehren ist dieser Sitz mit solchen oder anderen Worten definiert. Und er hat sich aus Gebrauch und Erfahrung so logisch entwickelt, daß es daran nichts zu rütteln gibt. Auch nicht, wenn man Islandpferde reitet!

Viele Reitlehrer und –schulen sind deshalb dazu übergegangen, den Sitz zur Grundlage ihrer Ausbildung zu machen. Das hat auch seine Berechtigung – zumindest so lange, wie der Anfänger auf einem entspannt gehenden, korrekt longierten Pferd übt, die Balance zu finden.

Hat der Reiter diese allererste Hürde jedoch einmal genommen, kann er sich also, salopp gesagt, ohne Krampf oben halten, bringt der Unterricht am reinen Sitz nichts mehr. Mit Kommandos wie »Absätze tief«, »Rücken gerade«, »Hände ruhig« erreicht der Reiterlehrer dann erfahrungsgemäß nur eines: Sein Schüler verkrampft immer mehr

HANDWERKSZEUG

und vergibt sich damit alle Möglichkeiten einer gefühl- und wirkungsvollen Hilfengebung.

Sinnvoller ist folgende Basis: Hat der Reiter das Stadium erreicht, in dem er die Balance gefunden hat, paßt er sich im Sitz zunächst seinem Pferd an. Der korrekte Sitz, aus dem heraus eine harmonische und gezielte Einwirkung mit sparsamsten Mitteln kommt, ist jetzt erst wieder möglich, wenn der Reiter seine Körperteile genau der

Der korrekte Sitz ist das Ziel. Er steht aber am Ende eines langen Ausbildungsweges, dessen Grundlage die geschmeidige Einwirkung sein muß und nicht die korrekte Körperhaltung

PROFI·TIP

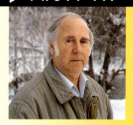

Prof. Dr. Isenbügel

Außer Sommerekzem (siehe Tip Seite 74) gibt es zwei Möglichkeiten, wenn ein Pferd häßliche Löcher im Fell bekommt und sich zu scheuern beginnt:
1. Es hat echte Parasiten, die man mit einem Spezialmittel auswaschen kann (und muß).
2. Es hat einen Pilz, der sich überall im Fell breitmacht und den man mit Unterstützung des Tierarztes behandeln sollte.

Selbstkontrolle

Wer sinnvollerweise den lockeren Sitz einem strengen Haltungsdrill vorzieht, ist dennoch nicht von der Selbstkontrolle entbunden, wenn er weiterkommen will. Im Gegenteil. Der Reiter, der weiß, wie der korrekte Sitz sich anfühlt und funktioniert, kann sich auch selbst immer wieder fragen, warum bestimmte Anforderungen an die Reiterhaltung bei seinem Pferd noch Schwierigkeiten bereiten. Mit diesen Fragen wird er Mängeln in der Harmonie eher auf die Spur kommen und sich einschleichende Fehler frühzeitig entdecken können. Alarmsignal für das Sitzgefühl ist etwa, wenn der Reiter sich in die Bügel stellen muß und die Beine nicht mehr locker am Pferdeleib anlegen kann.

jeweils beabsichtigten Hilfe zuordnen und damit die Wirkung seines Sitzes abschätzen kann.

Das heißt: Wer einmal an der Reaktion des Pferdes zu spüren gelernt hat, wie der Reiterschenkel wirkt, wenn er vorne oder zehn Zentimeter weiter hinten eingesetzt wird, braucht an Sitzdetails nicht mehr erinnert zu werden.

Im Umkehrschluß wird aus dieser Erfahrung aber noch etwas deutlich: Das gut ausgebildete Pferd, das im Rücken losläßt und fein auf die Hilfen seines Reiters zu reagieren gelernt hat, läßt diesen auch gut (und damit optisch makellos) sitzen. Das verspannte Pferd, das nicht losgelassen, sondern einstudiert tölt, erlaubt keinen lockeren Sitz.

Beobachten läßt sich das immer wieder bei der Arbeit mit jungen Pferden: Diese lassen auch den Reitprofi, der den korrekten Sitz beherrscht, nicht so sitzen, wie die älteren, perfekt ausgebildeten Pferde. Gute Reiter verzichten bei jungen Pferden oft ganz bewußt auf den korrekten Sitz, bleiben lieber locker und versuchen so, gefühlvoll einzuwirken. Der korrekte Sitz kommt im Prinzip von selbst wieder, je mehr sich das Pferd dem Ausbildungsziel nähert. Allerdings sollten sich Reiter, die viel mit schwierigen oder jungen Pferden arbeiten, immer mal wieder an den korrekten Sitz erinnern (lassen). Manchmal hilft es nämlich gewaltig weiter, wenn etwa der Schenkel wieder in die richtige Position geschoben wird, die er unbewußt verloren hat.

Noch Fragen? Antworten, die Sie kennen sollten

Warum soll zunächst kein Wert auf die Ausbildung des sogenannten korrekten Sitzes gelegt werden, wenn der Reiter das Gleichgewicht auf dem Pferderücken halten kann?
Ist das Balance-Gefühl einmal gefunden, sitzt ein Reiter so, wie ihn sein Pferd sitzen läßt. Das heißt, je besser das Pferd geht, desto leichter fällt es, entspannt und korrekt zu sitzen. Bleibt der Reiter locker, kann er trotzdem wirkungsvolle Hilfen geben, weil Körperhaltung und Funktion der einzelnen Einwirkung zusammenpassen.

Wie lernt der Reiter dann den korrekten Sitz?
Der Sitz wurde nicht aus ästhetischen Gesichtspunkten entwickelt. Er ist gewachsen mit der Hilfengebung, das heißt, der Reiter sitzt dann korrekt, wenn er möglichst direkt und effektiv einwirken kann. Je besser er anhand der nachfolgenden Übungen erfahren hat, wie die Hilfen wirken, und je feiner das Pferd darauf zu reagieren gelernt hat, desto mehr wird sich der Sitz dem Idealbild angleichen.
Manche führen als Begründung für ihren »schlechten« Sitz die beeindruckenden Bewegungen ihres Pferdes an. Das aber ist ein Trugschluß. Ein Pferd, das im Rücken unverkrampft ist, läßt den Reiter auch dann sitzen, wenn es hohe, weite und ausdrucksstarke Bewegungen hat.
Von diesem Grundsatz wird der gute Reitlehrer nur in wenigen Einzelfällen abweichen – dann nämlich, wenn der Reiter seinem Pferd in der Ausbildung nur weiterhelfen kann, indem er korrekt (das heißt besser) sitzt.

Wie lassen sich Sitzfehler beheben?
Korrigiert werden Sitzfehler, indem auch beim Pferd nach der Ursache gesucht wird.
Ein Reiter sitzt zum Beispiel dann schief, wenn sein Pferd sich noch auf einer Seite im Rücken steif macht und die Hinterbeine nicht gleichmäßig arbeiten.
Ein Reiter streckt dann die Beine nach vorne und stemmt sich in den Bügel, wenn der Rücken seines Pferdes noch nicht locker schwingt, wenn es passartig und verspannt geht und den Reiter deshalb nicht in der Bewegung mitnimmt.

Solange das Pferd sich nicht locker und gelöst bewegt, nutzt die ganze Sitzschulung nichts. Verspannte Pferde zwingen ihre Reiter oft zu kuriosen Körperhaltungen, die mit klassischen Vorgaben wenig gemein haben

> **Gefühl gefordert**
>
> Keine Einwirkung ist schwieriger zu kontrollieren als das Gewicht. Deshalb ist es ratsam, bei allen Übungen, bei denen das sonst problemlos zu reitende Pferd widerspenstig wird, die Gewichtshilfe zu überprüfen. Ganz besonders gilt dieser Hinweis für Vorhandwendung und Schenkelweichen und Wendungen, wie sie im folgenden Kapitel beschrieben sind.

▸ Was man über Gewicht, Kreuz und Schenkel wissen sollte

Einmal im Sattel, »redet« der Reiter mit seinem Pferd, indem er Stimme, Hand, Gewicht, Kreuz und Schenkel einsetzt. Als Grundlage sollte er deshalb im Hinterkopf haben, daß alle diese sogenannten »Hilfen« eng zusammenwirken. Ganz besonders verbunden sind die Einwirkung von Gewicht, Kreuz und Schenkeln: Durch bewußtes Verlagern des Gewichtes kann der Reiter nämlich beeinflussen, welche Seite des Rückens das Pferd spannt und welche es entspannt. Dazu muß er wissen, daß sich sein Gewicht und die aktive Kreuzeinwirkung immer auf der Seite befinden, auf der er seinen Schenkel weiter vorne hat.

Macht sich das Pferd nun auf einer Seite fest, etwa der rechten, ist diese Seite des Pferderückens höher und zwingt den Reiter eigentlich, auf dieser Seite zu sitzen. Spürt der Reiter diese Spannung, kann er sein Pferd lösen, indem er die weiche Seite mehr belastet – den dortigen Schenkel weiter nach vorne nimmt. Die Wirkung dieser Übung läßt sich sehr einfach bei Pferden erspüren, die stark passartig auf der Vorhand gehen. Indem der Reiter sein Gewicht verlagert, gleichzeitig das Tempo und entsprechend die Stellung wechselt, kann er die steife Vorwärts-abwärts-Bewegung sozusagen »aufbrechen«.

Weil die Pferde in diesem Stadium der Ausbildung meist noch sehr schief gehen, arbeitet der Reiter auf einer Basis, die noch weit vor der lehrbuchmäßigen Einwirkung liegt. Übersetzt heißt dies: Will der Reiter die Steifheit seines Pferdes beheben, stellt er dieses etwa ganz konkret in Kopf und Hals auf die steife, feste Seite. Gleichzeitig nimmt er den gegenüberliegenden Schenkel nach vorne und den auf der steifen Seite zurück, weil damit sein Gewicht auf die weiche Seite des Rückens kommt. Ziel ist es hier, daß das Pferd sich im Rücken gleichmäßig anfühlt. Nach einer gewissen Zeit sollte die Stellung zumindest kurzfri-

Ungezwungenes Reiten in der Gruppe fördert den lockeren Sitz

GEWICHT, KREUZ, SCHENKEL

Sobald das Pferd Stellung und Biegung annimmt, ... muß der Reiter das Gewicht richtig zuordnen

stig geändert werden, damit das Pferd lernt, im Rücken beweglich zu reagieren, und mit beiden Hinterbeinen gleichmäßig schiebt.

Hat der Reiter einmal das Gespür für den Rücken seines Pferdes entwickelt, kann er sehr auf jede Veränderung reagieren und das Pferd so lösen. Geübt wird diese Gewichtsverlagerung gleichzeitig mit dem Stellungswechsel (siehe Seite 77). Wichtige Einwirkungsmöglichkeit ist auch das Entlasten (siehe Seite 85).

Ganz entscheidend ist dabei der unabhängige und flexible Sitz. Je besser ihn der Reiter bewußt verändern kann, desto mehr wird er dessen Wirkung auf den Rücken des Pferdes erspüren. Voraussetzung dafür ist auch, daß das Pferd im Körper nicht fest gemacht wird und deshalb nur noch die Beine bewegt. Wie man erreicht, daß auch die hohe, weite Bewegung sich mit einem gelöst gehenden Pferd vereinbaren läßt, beschreibt dieses Buch.

▶ Noch Fragen? Antworten, die Sie kennen sollten

Was läßt sich mit Hilfe des Reitergewichtes trainieren und beeinflussen?
Mit dem Gewicht, dem Kreuz und vor allem mit der bewußten Gewichtsverlagerung kann der Reiter die beiden Seiten des Pferderückens gleichmäßig trainieren. Mit der gleichzeitigen Änderung der Schenkellage nimmt er Einfluß auf die Hinterbeine seines Pferdes.

Wie verlagert der Reiter sein Gewicht?
Das Reitergewicht läßt sich verlagern, indem der Reiter bei geradem Oberkörper die Lage der Schenkel verändert. Vom Gefühl her entspricht das einfach dem Laufen auf gerader Strecke. Der Reiter macht mit dem Oberkörper vergleichsweise wenig (siehe Drehsitz Seite 81). Vor allem weil er die Lage der Schenkel verändert, ändert sich auch der Schwerpunkt seines Gewichtes.
Das Reitergewicht liegt immer auf der Seite, auf der bei geradem Sitz der Schenkel weiter vorne ist.

Die Lage der Schenkel gehört zu den Merkmalen, die großen Einfluß auf die Gewichtseinwirkung haben. Sie sollte deshalb immer wieder überprüft werden, um unbewußte Fehler zu vermeiden

Was passiert, wenn sich ein Reiter zur Gewichtsverlagerung in eine Richtung seitwärts setzt?
Es bringt langfristig überhaupt nichts, wenn der Reiter sein Gewicht verlagern will, indem er den Oberkörper zu einer Seite lehnt. Im Gegenteil: Um insgesamt in der Balance zu bleiben, muß er sein Gewicht nämlich mit dem Oberschenkel der gegenüberliegenden Seite auffangen. Die Gewichtseinwirkung erreicht das Pferd dann genau auf der falschen Seite.
In Einzelfällen kann das sogenannte kurzzeitige Austreten des Bügels (Reiter lehnt sich zur Seite) das steife Pferd aber aus dem negativen Bewegungsablauf bringen und die Schulter folgt dem Reitergewicht in die gewünschte Richtung (siehe Seite 85).

GEWICHT, KREUZ, SCHENKEL

▸ **Die ruhige Reiterhand – ganz schön unpraktisch**

»Hände ruhig« – wie viele Reitergenerationen haben dieses Kommando schon gehört und sind von ihm in die Irre geführt worden? Der gefühlvolle, geschickt einwirkende Reiter darf seine Hände nämlich keineswegs ruhig halten – er muß aber, und das ist für den Anfänger ganz schön schwer, den richtigen Rhythmus der Bewegung erspüren und damit die dauerhafte Verbindung zum Pferdemaul herstellen. Erst dann ist ein gefühlvolles Einwirken möglich.

Hat der Reiter diesen »Draht« nach vorne erst einmal gefunden, schwingt er mit der Hand im genau gleichen Rhythmus mit, wie sich der Pferdekopf bewegt. Sehr einfach hinzukriegen und sehr deutlich zu sehen ist dies im Schritt. Solange das Pferd noch wenig ausgebildet ist und eher freien Schritt geht, schwingt die Verbindung haltende Reiterhand gut sichtbar einige Zentimeter vor und zurück. Je versammelter das Pferd geht (und deshalb weniger mit dem Kopf nickt), desto ruhiger wirkt die Hand. Wenn sie aber im richtigen Rhythmus schwingt, stört die sich bewegende Reiterhand das Pferd und vor allem den Betrachter optisch auch nicht.

Schwieriger, aber mindestens ebenso wichtig, ist die stetige, schwingende Verbindung in den schnelleren Gangarten Trab, Tölt,

Wichtiger als die Position der Hand ist der geschmeidige Umgang mit dem Zügel

Galopp und Rennpass. Vor allem im Tölt braucht der Reiter viel Gefühl, um den richtigen Takt für das Schwingen zu erspüren. Die gleichmäßige Verbindung ist aber unerläßlich, wenn der Reiter sein Pferd zum losgelassenen Gehen veranlassen will. Besteht diese erst einmal, ist es vergleichsweise leicht, jeden Takt oder jeden zweiten Takt einzuwirken und damit das eine oder das andere Hinterbein anzusprechen.

Viel schwieriger schon: Die Hilfen so zu dosieren, daß sich das Pferd an beide Zügel gleichmäßig heranstreckt. Die meisten Pferde fühlen sich nämlich auf einer Seite eher fest und steif, auf der anderen aber butterweich an – weil sie in sich schief gehen. Die meisten Reiter sind dann versucht, das »Gleichgewicht« herzustellen, indem sie das Pferd mit Zügelhilfen auf der steifen Seite weich machen. Und sie erreichen damit gar nichts.

Umgekehrt wird ein Schuh draus: Der Reiter muß sein Pferd dazu veranlassen, daß es sich auf der weichen Seite an die Hand heranstreckt. Er sollte also möglichst auf dieser Seite parieren, Kontakt suchen. In dem Moment, in dem dieser Kontakt hergestellt ist, wird die steife Seite plötzlich »weich«. Beide Seiten fühlen sich gleich an, das Pferd hat die erwünschte Anlehnung gefunden.

Um die richtige Einwirkung mit der Hand zu erreichen, muß der Reiter viel Geduld und Gefühl aufbringen. Selbst wenn die Hilfe richtig kommt, wird die Wirkung beim unerfahrenen Pferd nur kurzfristig anhalten und dann wieder erarbeitet werden müssen. Das Ergebnis: Ein Pferd, das sich an beide Zügel gleichmäßig heranstreckt und auf beiden Seiten die Paraden fein annimmt. Bei dieser Arbeit sollte die Stellung immer wieder gewechselt werden (siehe auch Seite 77), auch wenn die Wirkung der Hilfen auf einer Seite ungleich besser ist als auf der anderen.

Durch die tiefgedrückte Hand ...

... kann das Pferd nicht richtig untertreten

DIE RUHIGE REITERHAND

▶ Noch Fragen? Antworten, die Sie kennen sollten

Woher kommt das irreführende Kommando von der ruhigen Hand?
Das Ziel der Ausbildung ist das versammelte Pferd, das korrekt an allen Hilfen steht. Je näher Reiter und Pferd diesem Ziel kommen, desto harmonischer ist ihre Verbindung. Das ist ein Grund, warum die Reiterhand optisch dann sehr ruhig wirkt. Obendrein schwingt das versammelte, korrekt durchs Genick gehende Pferd nur noch wenig in Kopf und Hals. Das rhythmische Mitwippen der Reiterhand ist so kaum noch wahrnehmbar.
Weil die beiden Körper sich im Einklang befinden, fehlt jede unharmonische Bewegung. Deshalb glaubt der Betrachter, der Reiter halte die Hand ruhig.

Warum führt es den Reiter in eine Sackgasse, wenn er versucht, seine Hand bewußt ruhig zu halten?
Konzentriert sich der Reiter zuallererst darauf, die Hand ruhig zu halten, verkrampft er sich meist. Aus dieser Verkrampfung heraus hat er keine Chance, den Rhythmus des Pferdes zu finden, das noch recht stark in Kopf und Hals schwingt, solange es »nur« entspannt vorwärts geht. Deshalb erreicht der Reiter keine gleichmäßige Verbindung zum Pferdemaul, solange er nicht mitschwingt, sondern diese Bewegung ruhigzustellen versucht. Die stete weiche Verbindung von der Reiterhand zum Maul ist Voraussetzung dafür, daß das Pferd losgelassen gehen und damit schön tölten kann.

Wie erreicht der Reiter, daß sich das Pferd auf der weichen Seite an die Hand heranstreckt?
Der Reiter muß Abschied nehmen von dem Wunsch, die Seite des Pferdemauls mit Paraden weich machen zu wollen, die sich härter anfühlt. Er muß das Pferd vielmehr dazu »überreden«, daß es sich auch auf der weichen Seite ganz leicht auf den Zügel legt. Dies erreicht er, indem er dem Pferd auf der weichen Seite den Zügel immer wieder anbietet, zum Beispiel bei einer Parade, für die er sich sehr viel Zeit läßt – das heißt, eine lange Strecke zum Anhalten einkalkuliert. Durch rhythmisches Annehmen stellt er dabei die Verbindung zum Hinterbein des Pferdes her, mit dem Nachgeben im selben Rhythmus holt er die Schulter auf die gewünschte Seite.

▶ **Die lateralen Hilfen**

Will der Reiter, daß sein Pferd ausdrucksvoll, rhythmisch und taktklar geht, muß er es über die Hilfengebung so beeinflussen können, daß Hinterhand und Vorhand in allen Gangarten und Tempi in der gleichen Spur gehen.

Am Anfang dieser Arbeit gilt es, ein Gefühl dafür zu entwickeln, nach welcher Seite das Pferd schief ist. Der einfachste Test: Der Reiter läßt sein Pferd beim Geradeausreiten oder im Stand abwechselnd nach links oder nach rechts gucken. Dabei spürt er als allererstes, daß das Pferd sich bei dieser Übung niemals gleich verhält. Auf der sogenannten weichen Seite nimmt es den Hals stark nach innen, geht aber problemlos über die Schulter weg und damit weiter

Der Reiter muß ein feines Gespür dafür entwickeln, ob er mit der Gerte die Schulter oder die Hinterhand des Pferdes seitwärts verschieben muß, um den Fluß der Bewegung herzustellen

> ### Vorstadium zur Anlehnung
>
> Der Reiter muß sich darüber im Klaren sein, daß die Phase der lateralen Hilfengebung das Vorstadium zur Anlehnung an die äußeren Hilfen darstellt. Die (theoretisch richtige) Lehre von der Begrenzung mit den äußeren Hilfen, die das Pferd am Ausweichen und Weglaufen hindern sollen, setzt quasi erst eine Ausbildungsstufe später ein. Zuerst muß das Pferd im Trab oder Tölt oder später im Rennpass gelernt haben, den lateralen Hilfen auszuweichen, ohne den Fluß der Bewegung zu unterbrechen. Es wird dann, ohne Hilfszügel (!), den Weg in die Tiefe finden.

geradeaus. Auf der sogenannten steifen Seite hingegen läuft das Pferd anfangs in Richtung der Zügeleinwirkung, und es ist schwierig, in der Stellung weiter geradeaus zu reiten. Es versucht aber immer wieder, sich der Halsstellung zu entziehen.

Sollen die Hilfen wirken, ohne den Fluß der Bewegung durch den Körper des Pferdes zu stören, entwickelt der Reiter aus dem Reiten mit Halsstellung (Kopf und Hals nach links oder rechts) die sogenannten lateralen Hilfen – das heißt, er wirkt im Prinzip zunächst nur auf einer Seite mit Zügel und Schenkel ein. Wenn er sein Pferd geradeaus reitet und es im Hals nach innen stellt, veranlaßt der Reiter sein Pferd, sich im Rücken auf der äußeren Seite zu strecken, die äußere Schulter schiebt sich nach vorne, die Vorhand kann sich auf dieser Seite frei bewegen, das

Das Eintölten ist ein Spiel ...

... zwischen Verbessern des Taktes ...

... und der Haltung

Pferd kann sich im Hals strecken und vorwärts-abwärts dehnen. Wechselt der Reiter die Stellung, erzeugt er dieselbe Wirkung auf der anderen Seite.

Langfristig gesehen, stellt er sein Pferd auf diese Weise gerade und trainiert beide Hinterbeine gleichmäßig. Wichtig: Der jeweils äußere Zügel und der äußere Schenkel dürfen dabei nicht einwirken, denn dann kann das Pferd mit seiner

Leider wird bei Endausscheidungen, wenn es um viel Tempo geht, oft das harmonische, feine Reiten vernachlässigt

> ### ▶ Wichtig zur Balance
>
> Grundsätzlich muß sich der Reiter darüber im Klaren sein, daß das pass-veranlagte Pferd im Rücken zu hoch, das trab-veranlagte Pferd im Rücken zu tief ist und der lockere Tölter genau in der Mitte schwingt. Von der Tendenz her muß der Trabtölter sich deshalb strecken und im Hals fallen lassen, der Passtölter sich im Hals aufrichten und im Rücken nachgeben. Wichtig zu wissen: Im Prinzip ist der Passtölter im Rücken wesentlich stabiler und nimmt deshalb weit weniger Schaden, wenn er falsch aufgerichtet geritten wird, als der Trabtölter.

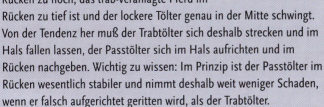

DIE LATERALEN HILFEN

Bewegung nirgends hin – es wird eng, kommt in Kopf und Hals nach oben und in der Schulter tief. Der Fluß der Bewegung ist unterbrochen.

Fazit: Wer die lateralen Hilfen gelernt hat, kann jedes Pferd lösen. Denn dieses kann sich dann den lösenden Hilfen nicht mehr entziehen. Dies ist zum Beispiel beim Eintölten nützlich, wenn das Pferd versucht, auf den Gegenzügel zu drücken und sich festzumachen. Kommt der Reiter dann mit den lateralen Hilfen sauber durch, hat das Pferd keinen Grund mehr, sich zu ver-

Stellung üben im Stand ermöglicht Pferd und Reiter den streßfreien Umgang mit der neuen Anforderung

Beim Stellen zur weichen Seite fällt es den meisten Reitern leicht, ihr Gewicht in der richtigen Position zu halten

Beim Stellen auf die steife Seite lassen viele Reiter ihr Gewicht zu stark nach innen hängen. Das ist falsch

spannen und in Kopf und Hals nach oben zu kommen. Die lateralen Hilfen sind deshalb das Mittel, um beim schwierigen Eintölten das Pferd immer wieder nach vorwärts abwärts und damit in Richtung Losgelassenheit zu korrigieren. Sie erlauben es dem Pferd, über die äußere Schulter zu fliehen und auch im neuen, noch ungewohnten Takt zwanglos vorwärtszugehen. Denn gerade beim Eintölten aus dem Trab muß der Reiter darauf achten, extreme Haltungen so früh wie möglich zu korrigieren oder, was mit einiger Übung möglich ist, diese sogar ganz zu vermeiden.

▶ Noch Fragen? Antworten, die Sie kennen sollten

Wie wirken die lateralen Hilfen?
Die lateralen Hilfen erlauben es dem Pferd, sich einseitig im Rücken zu strecken und damit loszulassen. Sie geben dem Reiter auch ein Gefühl dafür, auf welcher Seite sein Pferd schief ist und sich fest macht. Mit diesen Hilfen kann man auch jedes Pferd vorwärts-abwärts reiten und damit lösen. Oft reagieren diese Pferde richtig dankbar dafür, daß der Reiter ihnen zeigt, wo sie mit ihrer Spannung hindürfen.

Laterale Hilfen fördern die Zwanglosigkeit

Lassen sich Halsstellung und laterale Hilfen in allen Gangarten nutzen?
Vor allem im Tölt und später im Rennpass sind laterale Hilfen die wirkungsvollste Möglichkeit zu verhindern, daß das Pferd sich verspannt. Solange sich das Pferd gleichmäßig an beide Zügel streckt, kann es locker vorwärts gehen. Im Trab sollte man anfangs sehr behutsam mit dieser Einwirkung umgehen, da das Pferd sich in der Haltung nicht zuviel vorwärts-abwärts strecken sollte.

Wie weit ist ein Reiter auf seinem Weg, wenn er die lateralen Hilfen beherrscht?
Vor allem der Freizeitreiter, der mit seinem Pferd in jedem Tempo locker tölten und im Gelände Spaß haben will, hat sein Ziel erreicht, wenn er die lateralen Hilfen sauber beherrscht und immer damit durchkommt. Für die meisten genügt es deshalb, wenn sie mit ihrem Pferd so weit gekommen sind, und sie müssen sich darüber im Klaren sein, daß das nicht von heute auf morgen geht, sondern geduldiges Training braucht. Für viele ist es ein sehr großes Ziel. Je näher sie diesem kommen, um so mehr Freude macht die Arbeit ihnen und dem Pferd. Die lateralen Hilfen sind für den Sportreiter eine sehr wichtige Etappe auf dem Weg in Richtung Versammlung. Dort aber kommt er reell nur hin, wenn er bei dieser Arbeit nicht geschlampt hat. Viele, auch Erfolgreiche, sind leider noch nicht mal auf dem Weg dorthin...

Lockeres Reiten im Gelände fördert Takt und Geschmeidigkeit

Ganz im Gleichgewicht

▶ **Wie es weitergeht**

Die professionelle Arbeit mit dem Pferd führt von dieser Stufe aus selbstverständlich weiter.

Allmählich muß die korrekte Stellung über die äußeren Hilfen erreicht werden. Der innere Zügel kann dann über kürzere oder längere Strecken nachgegeben werden, ohne daß das Pferd die Stellung ändert. Damit kann der Grad der Versammlung bestimmt werden. Sobald das Pferd bei dieser Arbeit aber »eng« in Bewegung und Haltung wird, kann es über die lateralen Hilfen wieder in die gewünschte Form gebracht werden.

Mit dem äußeren Zügel und Schenkel verhindert der Reiter in diesem Stadium, aber erst dann (!), daß das Pferd in die Tiefe kommt. Jetzt bleibt das Pferd losgelassen in der erwünschten Haltung und wird über die treibenden Hilfen mehr und mehr versammelt.

Unerläßlich aber ist es, diese Versammlung auf der Basis einer korrekten Grundausbildung zu erreichen. Wer am Anfang schummelt, sozusagen in der Grundschule falsch übt, wird später nur sehr schwer oder gar nicht auf den richtigen Weg zum harmonisch gerittenen, ausdrucks- und bewegungsstarken Traumtölter finden – oder zum schnellen Rennpasser, der seine Rennen sicher und berechenbar absolviert, ohne daß der Reiter mit grober Einwirkung etwas »retten« muß. Wichtig zu wissen ist auch, daß diese Arbeit ungleich aufwendiger ist, wenn ein Pferd die Grundlagen nicht richtig gelernt hat und in seinem Wissen quasi zurückbuchstabieren muß.

> Über das Reiten in den Seitengängen mit korrekter Biegung und Stellung wird das Pferd allmählich versammelter und ausdrucksstärker geritten

▶ Abwechslung und viel Gelände

Auch wenn in Theorie und Praxis der Weg zum harmonischen Tölter und sicheren Rennpasser viele Erkenntnisse der klassischen Reiterei nutzt, darf in der Arbeit mit dem Islandpferd das Training in der Bahn keinen allzu hohen Stellenwert einnehmen.

Die nachfolgenden Übungen zeigen, wie sich die meisten Ausbildungsschritte im Gelände vollziehen lassen. Einmal bis zweimal Bahn pro Woche ist selbst für den Turniercrack oberste Grenze, wenn das Pferd die Grundbegriffe von Gehorsam und Stellung verstanden hat. Für das erfahrene Freizeitpferd reicht das Training im Gelände vollkommen aus, es sei denn, es ergeben sich grundlegende Verständigungsprobleme.

Islandpferde
besser reiten

Theoretische Kenntnisse in allen Ehren – seine Reiterfahrung vertieft und sein Können steigert aber nur, wer konsequent übt.

Die folgenden Übungen helfen dem Reiter, sein Pferd kennenzulernen. Sie geben ihm Möglichkeiten an die Hand, zu jeder Zeit das kameradschaftliche, aber klare Miteinander so zu definieren, daß der Reiter der Chef und das Pferd sein Partner ist.

Während in der klassischen Reiterei solche Fronten mit dem Training von Hufschlagfiguren und Sitzschulung im Dressurviereck abgesteckt werden, hat sich dies bei Gangpferden als (zunächst) untaugliche, weil viel zu schwierige Übung erwiesen. Ein Pferd muß im Tölt nämlich schon richtig gut im Gleichgewicht sein, wenn etwa das Zirkel- oder Hufschlagfigurenreiten so klappen soll, daß es etwas nützt. Voraussetzung dafür ist, daß Balance und Takt gefunden sind. Im Klartext heißt das: Dieser klassische Weg der Ausbildung ist für den Isländer ungeeignet. Wie es anders geht, zeigt das folgende Kapitel.

Übung macht den Meister

66	▶ Einander verstehen
68	▶ Arbeit am Boden
72	▶ Aufsitzen
74	▶ Schnelles Wenden
75	▶ Halt ohne Wenden
77	▶ Reiten mit Halsstellung
79	▶ Schenkelweichen
83	▶ Bergauf und Bergab
85	▶ Gewichtsverlagerungen
89	▶ Schritt, Trab, Galopp

▶ **Wichtigste Übung – einander verstehen**

Für den Gangpferdereiter ist es wichtig, daß das Verhältnis zum vierbeinigen Partner in solchen Übungen klar definiert wird, in denen auch der weniger erfahrene Ausbilder leicht »gewinnen« kann. In den schwierigen Situationen, etwa im Rennpass, gibt es genügend Gelegenheiten, in denen der Reiter eigentlich »verliert«, weil das Tempo einfach nichts anderes als ein Scheitern zuläßt. Dies wird ein Pferd, das das klare Miteinander verstanden und akzeptiert hat, dann nicht mehr ausnützen. Andernfalls hat der Reiter immer wieder die Chance, über die einfachen Gehorsamsübungen für klare Verhältnisse zu sorgen.

Grundsätzlich steht über all diesen ersten praktischen Übungen die Erkenntnis, daß nur der erfahrene Reiter einem unerfahrenen Pferd etwas in einer vertretbaren Zeit beibringen kann. Das erfahrene Pferd hingegen lehrt den unerfahrenen

Reiter viel, beschleunigt dessen Reit- und Gefühlsausbildung erheblich.

Alle vorgestellten Übungen sind für Reiter und Pferd gleichermaßen wichtig. Reitanfänger sollten sie deshalb zum ersten Mal auf erfahrenen Pferden machen dürfen. Geübte Reiter können diese Kenntnisse an junge Pferde weitergeben.

Tölt und Rennpass können nur harmonisch und beeindruckend zugleich wirken, wenn Pferd und Reiter sich verstehen. Ehe man sich an die Ausbildung der Gänge macht (oder diese auf einem erfahrenen Pferd ausprobiert), müssen Reiter und Pferd sich deshalb mit Übungen in der Hilfengebung auf dieselbe Sprache verständigen.

Der Reiter lernt dabei einerseits, wie die Kommunikation über Schenkel, Hand, Gewicht und Kreuz funktioniert, wie diese sogenannten Hilfen wirken und wie sie zusammenspielen. Und er lernt andererseits, wie es sich anfühlt, wenn die Sprachebene gefunden ist und das Pferd richtig reagiert.

Das Pferd lernt die Hilfen des Reiters kennen und verstehen, es lernt den Gehorsam und die fein aufeinander abgestimmten Kommandos zu befolgen, ohne den Fluß der Bewegung zu unterbrechen und sich zu verspannen – das heißt: Es reagiert durchlässig.

In dieser Grundphase der Kommunikation miteinander sollte der Viergänger traben dürfen, der Fünfgänger, der eher Schwierigkeiten mit der diagonalen (Trab)Bewegung hat, zum Traben kommen, weil diese Gangart das Gleichgewicht fördert. Die Pferde finden leichter die Balance und können die Grundlagen deshalb besser verstehen und verarbeiten.

Um das empfindliche Maul des Pferdes zu schonen, werden anfangs beim Führen die Paraden über die so verschnallte Führkette auf die Nase übertragen

Über das Führen am Boden ...   ... lernt das Pferd die Grundkommandos Antreten,

▸ Zwei-Stufen-Programm: Arbeit am Boden
Führen

Grundsätzlich beginnt auch die Arbeit mit dem Islandpferd am Boden. Es trägt dazu ein Stallhalfter mit Führkette. Das Pferd lernt beim Führen Respekt. Es geht mit gebührendem Abstand vom Menschen und beobachtet diesen aufmerksam. Es lernt, frei zu stehen, und vieles mehr. Der Reitanfänger lernt bei dieser Übung den pferdegerechten Umgang mit dem vierbeinigen Kameraden.

Bei den Übungen am Boden geht der Führer auf Höhe der Pferdeschulter und dirigiert sein Pferd mit Hilfe der Stimme, der Führkette und einer zirka 1.20 Meter langen Gerte.

Bei der Parade schneidet der Führer dem Pferd sozusagen den Weg ab, indem er vor das Pferd tritt und diesem die Gerte vor die Nase hält. Dabei sagt er mit ruhiger, aber entschlossener Stimme »Ho« oder »Halt«. Die Übung kann unterstützt werden durch einen leichten Ruck an der Führkette.

Will der Reiter die Richtung wechseln, hält er Hand und Gerte vor die Nase des Pferdes und wendet dieses von sich weg. Schon bei dieser Übung hat der Reiter die Chance, den Charakter seines Pferdes recht genau kennenzulernen. Es gibt Pferde, die von Anfang an kaum Schwierigkeiten machen und aufmerksam auf den Menschen achten, um dessen Wünsche zu erfüllen. Andererseits gibt es Pferde, die bereits bei dieser Aufgabenstellung genau geklärt wissen wollen, wer der »Chef im Ring« ist. Und schließlich gibt es Pferde, die noch kein Vertrauen zum Menschen haben.

... Wenden ... ... oder gelassen vorwärtsgehen, kennen und respektieren

Sie sind distanziert und zurückhaltend, erfüllen die Anforderungen aber anstandslos, wenn sie verstanden haben, um was es geht.

Wer mit Pferden umgeht, sollte sich darüber im Klaren sein, daß vor der Erziehung vom Sattel aus das faire und gehorsame Miteinander am Boden steht. Bei Problemen sollten sich die Reiter so schnell als möglich Hilfe durch einen »Assistenten« (einfach einen zweiten Menschen, der etwa hinterherläuft) holen, besonders, wenn sie es mit einem klugen Pferd zu tun haben.

Longieren

Stufe II dieses Miteinanders stellt das Longieren dar. Hier kann und sollte der Reiter an die Übungen anknüpfen, die sein Pferd beim Führen kennengelernt hat. Der

> **Die richtige Zäumung beim Longieren**
>
> Besteht die Möglichkeit, in einem fest eingezäunten Longierzirkel zu arbeiten, wird das Pferd zuerst nur mit dem Stallhalfter longiert. Diese Zäumung kennt es schon aus der Bodenarbeit. Deshalb behindert sie weniger den natürlichen Fluß der Bewegung, der durch das Laufen auf der engen Kreisbahn ohnehin genügend eingeschränkt wird. Gibt es keine feste Umzäunung, verwendet man von Anfang an den Kappzaum ohne Ausbinder.

Anstelle des Halfters kann zum Longieren auch ein Kappzaum verwendet werden. Dieser ermöglicht das Führen von beiden Seiten und das Longieren, ohne daß die Kette umgeschnallt werden muß

Wendung an der Hand folgen deshalb viele Handwechsel in Form der sogenannten »respektvollen Wende«: Dabei tritt der Longenführer ähnlich wie bei der Bodenarbeit seinem Pferd in den Weg, kombiniert mit einem Kommando (zum Beispiel »Kehrt«). Im Unterschied zur Bodenarbeit wechselt das Pferd allerdings die Hand, indem es vertrauensvoll auf den Longenführer zugeht und dann umdreht. An diese Übung kann man das Pferd gewöhnen, indem es vom Longenführer für gutes Arbeiten mit Futter belohnt wird.

Mit der respektvollen Wende kommt das Pferd aus dem schnelleren Gang sofort zur Kehrtvolte und kann gezielt wieder ins Tempo getrieben werden.

Das Pferd lernt bei diesen Übungen, aufmerksam auf den Führer oder Longenführer zu achten, sich zu konzentrieren. Es lernt die Parade und das darauffolgende, unmittelbare Antreten aus der tiefen Hinterhand.

Der Reiter lernt, sein Pferd und dessen Gangverteilung zu beobachten. Er lernt, wie man die richtige Position zum Treiben und Verwahren einnimmt und sieht die Wirkung des Treibens und die Bergauf-Bewegung aus der tiefen Hinterhand.

Das Longieren ist eine gute Abwechslung für Reiter und Pferd. Es sollte deshalb nicht nur am Beginn der Ausbildung eingesetzt werden, sondern auch immer wieder zwischendrin. Klar ist, daß die Anforderungen dem Talent des Pferdes angepaßt werden müssen. So wird etwa bei einem Viergänger, der keinerlei Mühe hat, im Trab über die Runden zu kommen, recht bald der Galopp den Gegebenheiten im Longierzirkel angepaßt werden.

An der Longe lernt das Pferd ...

Wichtig ist auch, daß der Longenführer Rücksicht auf Charakter und Temperament des Pferdes nimmt. Empfindsame, temperamentvolle Pferde dürfen bei der Arbeit an der Longe zur Ruhe kommen. Eher ausgeglichene, ja verschlafene Vierbeiner werden mit häufigen Gang- und Handwechseln sozusagen »geweckt«. Sie müssen aufpassen, um den Anforderungen gerecht zu werden, und sollen an der Longe wenig Schritt gehen.

Mit dem Grad der Ausbildung steigen auch die Anforderungen an das Longieren. So wird ein Pferd, wenn es später einmal den Weg in die Tiefe gefunden hat und beim Reiten in Richtung Versammlung gearbeitet wird, selbstverständlich ausgebunden. Erst dann kann es die richtige Anlehnung an die äußeren Hilfen finden. Für den Anfang der Ausbildung, auf die dieses Buch den Schwerpunkt legt und die letztlich dazu führt, daß das Pferd gehorsam ist und die Bewegung in allen Gangarten durch den gelösten Körper fließen läßt, genügt das Longieren als Gehorsamsübung und als Trainingsalternative. Feste Umzäunung des Longierzirkels, Stallhalfter zu Beginn und später der Kappzaum sowie ein aufmerksamer Longenführer reichen vollkommen aus. Für den fortgeschrittenen Ausbilder aber lohnt sich die Beschäftigung mit dem Longieren.

Mit der Position, die er gegenüber dem Pferd einnimmt, wirkt der Longenführer treibend (1) oder verwahrend (3). Indem er immer auf Höhe des Pferdes bleibt, läßt er dieses gleichmäßig vorwärts gehen (2)

... die schnelle Wendung als Handwechsel

So bereitet man die gleiche Übung unter dem Reiter vor

ARBEIT AM BODEN

Beim korrekten Aufsitzen ...   ... soll das Pferd zunächst abkauen ...

▶ **Sensible Sache: das Aufsitzen**

Vor dem Aufsitzen übt der Reiter mit seinem Pferd das Abkauenlassen. Er sucht, neben dem Pferd stehend, den Kontakt mit beiden Zügeln. In aller Ruhe wartet er dann, bis das Pferd sich in Kopf und Hals fallen läßt und den Rücken nach oben wölbt. Diese Haltung wird nicht aufgegeben, während der Reiter aufsteigt.

Das Pferd lernt bei dieser Übung, daß das Reitergewicht leichter zu tragen ist, wenn der

▶ **Aufsitzen mit Gefühl**

Um ein Gefühl dafür zu entwickeln, wie sein Gewicht die Balance verändert, muß der Reiter sein Pferd nur beim Aufsitzen beobachten. Wer schwerfällig in den Sattel plumpst, kann dabei miterleben, wie als Reaktion darauf der Pferdekopf (entsetzt) in die Höhe schnellt und das Pferd vor dem Gewicht mit dem Rücken nach unten ausweicht. Wer langsam in den Sattel gleitet und dem Pferd die Chance gibt, sich auf die zusätzliche Last einzustellen, kann erreichen, daß der Rücken als tragende Brücke oben bleibt und das Pferd trotz zusätzlichen Gewichts die Balance behält.

... und so stehenbleiben,   ... während der Reiter ...   ... vorsichtig aufsitzt

Rücken quasi eine Brücke zwischen Vor- und Hinterhand bildet.

Der Reiter lernt, wie sich ein tragender Rücken anfühlt. Er sollte sich dieses Gefühl gut einprägen, damit er es später in der schnelleren Bewegung wiedererkennen und sogar herbeiführen kann.

Beim Anreiten sollte der Reiter dann eher etwas entlasten, um dem Pferd eine Dehnung in Richtung vorwärts-abwärts zu ermöglichen. Dabei wird er beobachten können, daß die Pferde viel gelassener und taktklarer losgehen, als wenn sie vom ersten Schritt an das schwere Gewicht im Sattel ausbalancieren müssen. Außerdem besteht so keine Gefahr, bereits beim ersten Antreten des Pferdes hinter die Bewegung zu geraten.

Das ruhige Stehen nach dem Aufsitzen sollten die Pferde von Anfang an gewöhnt sein

DAS AUFSITZEN

PROFI·TIP

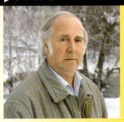

▸ **Prof. Dr. Isenbügel**

Ein besonders leidiges Thema beim Islandpferd ist das Sommerekzem. Die Ursache für diese Krankheit ist eine allergische Reaktion auf den Insektenstich. Das Pferd scheuert sich an Mähnenkamm, Kruppe oder unter dem Bauch, um den quälenden Juckreiz zu bekämpfen. Gegen Ekzem gibt es kein Allheilmittel. Abhilfe schafft höchstens ein Maßnahmenpaket: Eindecken oder Aufstallen zu Flugzeiten der Insekten und frühzeitiges, intensives Pflegen der Scheuerstellen (um bakterielle Infektionen sicher zu verhindern).

▸ ### In der Wirkung unerreicht: Schnelles Wenden

Einmal im Sattel, macht der Reiter sich die Erfahrung der Übungen am Boden zunutze: Auch hier lernt das Pferd dann als erstes das Wenden hin zur Bande oder von der Bande.

Dazu führt der Reiter den Zügel auf die Seite, auf die er wenden will (anfangs immer gegen die Umzäunung). Das Pferd wird gegen die Bande gestellt, umgedreht und unmittelbar wieder weitergetrieben in den Gang, aus dem es gewendet wurde. Dabei kann die Gerte die Einwirkung unterstützen, indem sie im Moment des Wendens außen nach vorne zum Pferdekopf zeigt. Der Reiter versucht dabei nur, locker zu sitzen und die Hand möglichst stark seitwärts zu führen, um dem Pferd mit dem Zügel den Weg zu zeigen.

Aufbauend auf das schnelle Wenden beim Longieren ...

Zuerst übt man dies im Schritt, später aus dem Trab, Tölt und Galopp und schließlich versucht man das Pferd auch von der Bande weg zu wenden. Der Reiter sollte einkalkulieren, daß die Wendungen sich zunächst am einfachsten in der Ecke üben lassen. Zum Wenden gegen die Bande kann der Reiter auch jede Situation ausnutzen, in der sein Pferd von selbst in Richtung Bahnmitte läuft.

Das Pferd lernt dabei, respektvoll auf den seitwärtsführenden Zügel zu reagieren und umzudrehen. Es lernt, sich auf den Impuls der Zügelhilfe hin in der Hinterhand zu setzen. Damit ist das Pferd grundsätzlich besser ausbalanciert, das heißt, es übernimmt mit der Hinterhand mehr Gewicht. Es lernt außerdem auf die Einwirkung des Reiters zu reagieren, ohne sich zu wehren.

Der Reiter lernt, daß er den Zügel schnell loslassen und auf der anderen Hand gleich wieder treiben kann, weil das Pferd zur Bande hin nicht weglaufen kann. Der Reiter kann so schon unmittelbar nach dem Parieren von der Hand wegkommen. Unschöne Bilder von jungen Pferden, die sich auf den Zügel legen

... wird das Pferd gegen die Wand umgedreht   So wird das respektvolle Halten und Antreten vorbereitet

und in der Parade einen meterlangen »Bremsweg« ziehen, lassen sich so vermeiden.

Das schnelle Wenden gibt dem Pferd die Gelegenheit, das unter dem Reiter wiederzufinden, was es an der Longe gelernt hat. Das abrupte Wenden verhindert außerdem, daß es sich langweilt und dabei immer mehr auf die Vorhand kommt. Weil das Pferd ständig mit einem Handwechsel rechnen muß, konzentriert es sich aufmerksam auf das, was der Reiter macht.

▶ Wider den Automatismus: Halt ohne Wenden
Parade zum Halt

Jetzt übt der Reiter mit Hilfe der Halsstellung gegen die Bande die Parade zum Halt – ohne Umdrehen! Der Reiter gibt die Parade mit dem seitwärtsführenden Zügel, das heißt, er gibt dieselbe Hilfe, als wollte er gegen die Bande wenden. Das Pferd rechnet bei dieser Übung nun mit der Kehrtwende, setzt sich demnach mit der Hinterhand und senkt Kopf und Hals bereitwillig. Der Reiter aber verhindert das Umdrehen mit dem Gegenzügel, fast als wollte er in die andere Richtung wenden. Das Pferd steht somit direkt vor der Bande und darf dort ohne Zügelkontakt stehen bleiben. Dabei wird der Oberkörper eine Spur nach hinten verlagert.

Diese Übung wird so lange nicht um den nächsten Schritt ergänzt, bis das Pferd auf ein leichtes Seitwärtsstellen sofort anhält und ohne Zügelkontakt stehen bleibt.

Rückwärtsrichten

Wenn das Pferd diese Form des Anhaltens verstanden hat, wird es im nächsten Schritt genauso pariert, aber mit leichter Anlehnung hingestellt, bis es im Genick nachgibt und abkaut.

Viele Pferde gehen dabei von alleine rückwärts. Sie nehmen damit bereits die nächste Stufe dieser Übung vorweg. Diese funktioniert wie folgt: Der Reiter hält sein Pferd mit leichter Seitwärtsstellung an, läßt es abkauen und rückwärts treten. Aus dem Rückwärtstreten trabt er unmittelbar wieder an.

Das Pferd lernt bei dieser Arbeit, gelassen zu reagieren, sich in der Parade zu setzen, auf die Zügelhilfe im Genick nachzugeben und auf das Treiben aus der tiefen Hinterhand anzutreten.

Der Reiter entwickelt ein Gespür für die Wirkung seiner Hilfen. Er lernt, wie Annehmen und Treiben zusammenwirken, unmittelbar nacheinander anzuwenden sind. Und er erfährt, daß er auf die Reaktionen seines Pferdes vertrauen kann.

Das Rückwärtsrichten ist eine Aufgabe, die als Gehorsamsübung vor allem am Anfang der Ausbildung konsequent ge-

Die Kombination »Parieren, rückwärts« ...

...sollte dem Pferd so beigebracht werden,

... daß sie in Fleisch und Blut übergeht

handhabt werden sollte. Es macht sich später vielfach bezahlt, wenn das Pferd etwa in den ersten Monaten der Arbeit bei jedem Anhalten einen Schritt rückwärts treten muß. Der Reiter kann dann den Zügel auch ganz loslassen und beim Anreiten sicher sein, daß sein Pferd wirklich erst auf das Treiben wieder antritt und nicht einfach gegen den Zügel losläuft. Außerdem lernt das Pferd, in der Parade Kopf und Hals fallen zu lassen.

> ### Mehr als Parade
>
> Manch klassisch ausgebildeter Schulreiter mag die Furcht hegen, daß sich ein Pferd mit dem Rückwärtstreten den Hilfen entziehen könnte. Dies ist ein Trugschluß insofern, daß das Rückwärtsgehen in diesem Stadium der Ausbildung als höhere Form der Parade angesehen werden muß. Das Pferd steigert die Bereitschaft, mit der Hinterhand Last zu übernehmen – der Rücken trägt das Reitergewicht, weil Kopf und Hals des Pferdes dabei tief sind.

▶ Reiten mit Halsstellung

Um Einfluß auf den Gang nehmen zu können, übt der Reiter das Geradeaus-Reiten mit Halsstellung.

Das Pferd wird beim Reiten in Halsstellung zunächst leicht mit Kopf und Hals gegen die Bande gestellt, soll aber geradeaus weitergehen. Gelingt diese Übung, wechselt der Reiter die Hand

adurch wird sichergestellt, ...

... daß das Pferd in der Parade ...

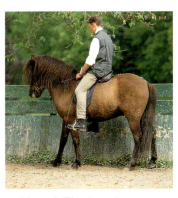

... nicht nur halbherzig reagiert

und stellt seinem Pferd dieselbe Aufgabe in der anderen Richtung. Bei dieser Übung wendet der Reiter die lateralen Hilfen an: Stellt er das Pferd nach links, treibt der linke Schenkel weiter geradeaus; stellt er es nach rechts, treibt der rechte Schenkel. Das Pferd soll nicht mit der Hinterhand übertreten. Im Gelände hilft bei dieser Übung der Wegrand als Begrenzung. Bei Schwierigkeiten kann der Reiter dies vom Boden aus üben: mit Flexen.

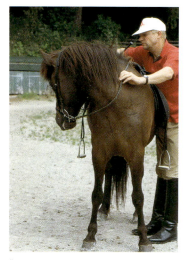 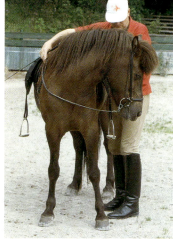

Üben der einseitigen Zügelführung ...   ...ohne sich in diese Richtung zu bewegen

Das Flexen

In der Vorbereitung dieser Übung oder zur Abwechslung kann der Reiter sein Pferd auch im Stand nach rechts oder links stellen, indem der Zügel einseitig mit leichten Paraden angenommen wird, bis das Pferd in diese Richtung nachgibt. Später kann das Pferd im Stand so weit gestellt werden, daß es an den Reiterstiefel kommt.

Diese Übung hat einen eher gymnastischen Wert. Dabei lernt das Pferd einfach, den Hals in einer tiefen Haltung zur Seite zu biegen. Der Reiter kann sich im Stand besser konzentrieren. Vor allem deshalb ist es sinnvoll, sie vor dem Geradeausreiten in Halsstellung zu machen.

Um Mißverständnissen vorzubeugen: Bis zum Reiterstiefel darf der Hals nur im Stand gebogen werden. Im Gang ist eine Stellung bis 90 Grad das absolute Maximum.

Stellungswechsel ohne Handwechsel

Eine Stufe schwieriger ist es, die Stellung zu wechseln, ohne gleichzeitig die Hand zu wechseln. Das Pferd lernt den treibenden Schenkel kennen – es schaut ins Innere der Bahn, geht aber weiter geradeaus. Der Reiter wendet dabei die lateralen Hilfen an, wie sie schon mehrfach beschrieben wurden.

Ins Gelände verlegt, sieht die Übung schließlich so aus: Der Reiter reitet am rechten Wegrand und läßt sein Pferd beim Geradeausgehen nach links schauen, er treibt links. Wechselt er an den linken Wegrand, darf das Pferd nach rechts schauen und wird mit dem rechten Schenkel getrieben (siehe Seite 83).

Das Pferd lernt, den treibenden Schenkel anzunehmen. Es lernt, auf die Reiterhilfen zu reagieren, ohne sich zu verspannen. Der Fluß der Bewegung bleibt erhalten, weil der Reiter am jeweils äußeren Zügel nachgibt und das Pferd nicht eng macht.

Der Reiter lernt die Wirkung der lateralen Hilfen. Er kann damit ein Gefühl dafür entwickeln, wie sich ein Pferd anfühlt, das im Rücken losläßt und im Gang beeinflußt und verändert werden kann, ohne »eng« zu werden.

▶ **Unverzichtbar: Schenkelweichen und Vorhandwendung**

Eine Stufe höher ist der seitwärts treibende Schenkel einzustufen, der die Vor- und Hinterhand des Pferdes beim Schenkelweichen und in der Vorhandwendung zum Übertreten veranlaßt. Hier ist nämlich der Übergang von den lateralen zu den diagonalen Hilfen anzusetzen.

Die Halsstellung ...

... wird mit dem inneren Zügel gegeben ...

... der innere Schenkel treibt vorwärts

SCHENKELWEICHEN

Schenkelweichen: Das Pferd lernt, ... die inneren Hinter- und Vorderbeine ... ... in Bewegungsrichtung unterzusetz

Der Reiter fängt jedes Treiben des inneren Schenkels ab, und zwar im ersten Stadium mit dem äußeren Zügel. Auf jedes Treiben folgt also eine Parade am äußeren Zügel, die das Pferd am nach vorne Weglaufen hindert. So entsteht die charakteristische Vorwärts-seitwärts-Bewegung.

Wenn das Pferd die Übung verstanden hat, setzt der Reiter zur Begrenzung der Seitwärtsbewegung allmählich auch den äußeren Schenkel ein. Ziel ist es schließlich, daß das Pferd an den äußeren Hilfen steht: Der äußere Schenkel hält die Stellung, der äußere Zügel führt das Pferd, während der innere Zügel zeitweise sogar nachgegeben werden kann, ohne daß die Stellung verlorengeht. Der innere Schenkel erhält die Vorwärts-seitwärts-Bewegung.

Das Pferd lernt den seitwärts treibenden Schenkel zu akzeptieren und mehr an die äußeren Hilfen zu treten.

Der Reiter lernt zu fühlen, wie das Pferd die Hinterbeine setzt. Besonders bei dieser Übung wird er spüren, wie die Hilfen zusammenwirken und in welcher Dosierung sie aufeinander abzustimmen sind.

Der häufigste Fehler bei der Vorhandwendung ist, daß das Pferd zu stark gestellt oder zur Korrektur mit dem inneren Zügel heruntergezogen wird. Diesen Fehler vermeidet der Reiter, wenn er sich darüber im Klaren ist, daß er mit der Vorhandwendung in der Hauptsache den Schenkelgehorsam schult und deshalb mit der Hand so wenig wie möglich einwirken sollte. Wenn es vom Sattel aus gar nicht funktioniert, sollte der Reiter seinem Pferd die Vorhandwendung vom Boden aus verständlich machen. Später kann dann ein Helfer von dort aus die Wirkung des seitwärtstreibenden Schenkels unterstützen.

Auch das Schenkelweichen dient vor allem dem Schenkelgehorsam. Das Pferd muß verstehen lernen, daß es auf diese Einwirkung mit einer Vorwärts-seitwärts-Bewegung reagieren soll. Hat es dieses verstanden, kann das Schenkelweichen, das ja »nur« eine Gehorsamsübung ist, im Prinzip wieder aus dem Ausbildungsplan gestrichen werden, weil es keinen gymnastizierenden Effekt hat. Denn beim Schenkelweichen tritt die Hinterhand vom gemeinsamen Schwerpunkt weg, anstatt vermehrt Gewicht aufzunehmen.

Vor allem beim Schenkelweichen vergessen die meisten Reiter ihren Drehsitz. Sie nehmen die äußere Schulter in der Bewegung nicht mit nach vorne oder legen den inneren Schenkel zu weit zurück (weiter als den äußeren), um vermeintlich besser ein-

Der Drehsitz

Der sogenannte Drehsitz ermöglicht dem Reiter zu jeder Zeit die richtige Kreuz- und Gewichtseinwirkung. Vereinfacht läßt sich seine Grundlage so beschreiben: Die Schultern von Reiter und Pferd sind immer parallel, ebenso die Hüften. In der Wendung werden Schulter und Hüfte deshalb gegeneinander gedreht (innere Hüfte vor, innere Schulter zurück). Dabei muß der Reiter darauf achten, daß seine Schulter waagrecht bleibt, da er sonst in der Hüfte einknickt und die Gewichtseinwirkung verfälscht.

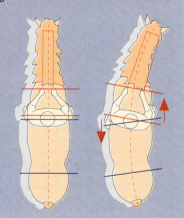

wirken zu können. Oft knicken sie auch in der Hüfte ein in dem Glauben, die innere, tiefer gedrückte Schulter bringe das Gewicht vermehrt auf die innere Seite. Wenn das Pferd also nicht so flüssig seitwärts geht wie gewünscht, sollte der Reiter als erste Kor-

Bei der Vorhandwendung ...   ... lernt das Pferd den ...   ... seitwärts treibenden Schenkel ken

Entscheidend ist am Anfang nicht, ob der Schenkel am Gurt liegt oder dahinter. Hauptsache, das Pferd versteht den Impuls und geht gelassen seitwärts

rektur immer seinen Sitz überprüfen. Auch hier ist es hilfreich, wenn ab und zu ein Helfer vom Boden aus das Schenkelweichen beobachtet. Er kann solche offensichtlichen Sitzfehler dann leicht korrigieren. Wenn der Drehsitz dann wieder stimmt, ist die Wirkung zumeist verblüffend ...

Sehr häufig vergessen die Reiter auch, ihr Pferd mit einer halben Parade auf die Lektion vorzubereiten. Diese Parade schiebt das Pferd zusammen und macht es aufmerksam. In der Folge dieses Versäumnisses gehen die Pferde auf der einen Seite einfach mit einer starken Halsbiegung seitwärts, weil die äußeren Hilfen nicht durchkommen.

Auf der steifen Seite geht beim falschen Schenkelweichen fast immer die Hinterhand voraus. Der natürliche Fluß der Bewegung von hinten nach vorne ist gestört. Das Pferd hat keine Möglichkeit, sich zu lösen. Der Reiter kann dies verhindern, indem er mit dem äußeren Schenkel eine stärkere Vorwärtsbewegung initiiert und weniger mit der Hand einwirkt.

▶ **Höchst hilfreich: bergauf und bergab**

Bergab kann sich das Pferd leicht geraderichten

Mit der Erfahrung wächst auch das Gefühl des Reiters dafür, welches Gelände sein Pferd besonders liebt: Je nach Gangverteilung und Temperament schätzen die Pferde Strecken, die bergauf oder bergab oder eben gehen. Sie lieben eher harten oder weichen Boden.

Der Vorteil des Bergauf-Reitens liegt darin, daß das Pferd auf diesen Strecken leichter kontrollierbar ist. Selbst heftigen Temperamentsbündeln kann man hier den Zügel geben und diese auch so lange vorwärts reiten, bis sie zur Ruhe kommen.

Bergab geritten (wobei man sich ein geringes bis höchstens mittleres Gefälle vorstellen muß) haben die Pferde grundsätzlich weniger Mühe, sich geradezurichten. Denn die Schiefe eines Pferdes resultiert daraus, daß seine Hinterbeine nicht gleich stark sind. Bergab braucht das schwächere der beiden Hinterbeine weniger Kraft, sich abzustoßen. Der Reiter holt sich bergab deshalb soviel

Eine leichte Stellung fördert die gleichmäßige Belastung der Hinterbeine

PROFI·TIP

▶ **Prof. Dr. Isenbügel**

Das Wissen über Verhalten, Haltungsansprüche, Fütterung und Einsatz des Pferdes ist heute vorhanden, es müßte nur in die Praxis umgesetzt werden. Da viele Reiter nicht mehr mit Pferden täglich zusammen sind, ist das Gespür für die Befindlichkeit und Kondition des Pferdes oft verloren gegangen. Dieses wird durch zahlreiche Ausbildungshilfen, Ausrüstungen oder vermenschlichende Fürsorge ersetzt. Ein gesundes, entsprechend seiner Ausbildung und Anlage genutztes Pferd wird eher durch unregelmäßigen Gebrauch (Stehenlassen) als durch regelmäßigen Einsatz krank.

Schub, wie im schnellen Tempo, in dem sich das Pferd gar nicht mehr schief machen kann.

Die meisten Pferde laufen auf festen Wegen bergab mühelos und lösen sich leicht. Diese Übung wirkt allerdings nur, wenn das Pferd so viel Grundgehorsam hat, daß es sich beim Bergrunterreiten nicht auf die Hand legt und wegrennt.

Um sein Pferd bei Laune zu halten, steigert der Reiter den Schwierigkeitsgrad der Übungen schrittweise. Das heißt: Er wählt immer weniger steile Strecken (bergauf oder bergab) und kommt so stufenweise auf die ebene Strecke oder gar ins jeweilige Gegenteil. Im Training sollte er die Route deshalb sorgfältig auswählen und das schwierigere Gelände dem Pferd nur dann zumuten, wenn es die einfacheren Anforderungen locker meistert.

Geht im Lauf der Ausbildung der Fluß der Bewegung verloren, wird für die Korrektur sofort wieder die leichtere Strecke gewählt. Erst allmählich kann das positive Gefühl in jedem Gelände erreicht werden. Konsequenterweise sollte das Pferd auf ungünstigen Strecken in einer problemlosen Gangart geritten oder sogar geführt werden, solange es noch nicht losgelassen gehen kann. So erreicht der Reiter, daß sich keine negativen Erfahrungen festsetzen.

Außerdem wird ein Reiter mit dieser Form der Ausbildung, die die Vorteile des Geländes nutzt, viel schneller zum Ziel kommen als in der Ovalbahn. Dort laufen die Pferde weniger gern, und Kurven wie ebene Strecke steigern dazu die Anforderungen.

Beim Reiten in unterschiedlichem Gelände entwickeln die meisten Reiter sehr schnell ein Gefühl dafür, wohin sie mit ihrer Ausbildung gelangen wollen: Wer einmal gespürt hat, wie mühelos, flüssig und rhythmisch ein Pferd bergab tölten kann, wird so lange arbeiten, bis er dieses Gefühl auf ebenem Gelände oder gar bergauf ebenfalls erreicht. Indem er es ihm mit geeigneten Wegen im Gelände immer wieder einfach macht, fördert der Reiter das Vertrauen seines Pferdes. Es wird ihm dann auch bei schwierigeren Anforderungen entgegenkommen.

Wer erfahren hat, wie gut es sich anfühlt, wenn man das Pferd nicht mehr zurückhalten (und dabei verspannen) muß, sondern den Zügeln nachgeben und eine harmonische Anlehnung erreichen kann, wird auch dieses Gefühl immer wieder suchen und schließlich auch finden.

▶ Gewichtsverlagerungen

Der Reiter hat jetzt gelernt, wie er mit der Stellung die Schulter seines Pferdes verschieben kann. Und er hat gespürt, daß wenn Gelände (bergauf, bergab) und Stellung für den Gang stimmen, der Fluß der Bewegung durch den Körper geht. In der nächsten Stufe der Übungen lernt er nun die Wirkung seines Gewichtes auf das Pferd kennen.

Der Reiter ändert die Wirkung seines Gewichtes einerseits, indem er die Lage der Schenkel verändert (siehe Seite 53). Dabei kann er ruhig auch mal den »Bügel austreten« und dabei sein Gewicht extrem auf die eine oder andere Seite verschieben. Die Reaktion des Pferdes erfolgt fast immer prompt: Es wird mit der Schulter dem Reitergewicht nachgehen.

Der Reiter muß dann aber auch spüren lernen, wann die direkte Wirkung der Gewichtsverlagerung wieder nachläßt. Auf diese Weise erreicht er einen lockeren und beweglichen Sitz, schult sein Gefühl und kann schnell auf jede Veränderung seines Pfer-

Besonders im Tölt wirken sich Gewichtsverlagerungen nach vorne, hinten, links oder rechts extrem auf den Takt aus

des reagieren. Dabei hilft Stellen zu beiden Seiten: Mit Stellen in Richtung der steifen Seite, läßt sich eine Verlagerung der Schulter erreichen und mit dieser eine gleichmäßigere Belastung beider Hinterbeine. Mit (kurzfristigem) Stellen in Richtung der weichen Seite, schiebt man die Schulter zwar streng genommen in die falsche Richtung, kann aber eine Entspannung erreichen.

Konkret läßt sich die Gewichtsveränderung im Gelände üben, indem der Reiter sein Pferd am rechten Wegrand mit einer Linksstellung reitet und am linken Wegrand mit einer Rechtsstellung. Auch diese Stellung sollte häufig gewechselt werden.

Der Reiter ändert die Wirkung seines Gewichts auch, wenn er den Rücken seines Pferds bewußt entlastet. Die meisten Pferde laufen dann kurzzeitig in Richtung diagonaler Bewegung. Dieses Verlagern des Gewichtes nach vorne ist ebenso ein immerwährendes Spiel: Jede Entlastung darf nur sehr kurzfristig sein und muß sich prompt abwechseln mit einer treibenden Hilfe im stärker belastenden Sitz. Wenn dieses Treiben fehlt, belastet der

Beim Tölt den Berg hinunter kann der Reiter die Schiefe seines Pferdes besser korrigieren, weil die Hinterbeine weniger tragen und mehr schieben müssen

> **Warum bergab leichter geht**
>
> Je größer bei einem Islandpferd die Veranlagung zu Tölt und Rennpass ist, desto stärker ist der Schub aus der Hinterhand und desto weniger weit befindet sich diese Hinterhand unter dem Schwerpunkt des Pferdes. Viele (auch gute) Gangpferde haben deshalb zu Beginn der Ausbildung große Probleme, hinten gleichmäßig und in sich gerade zu gehen. Der Reiter kann sich und dem Pferd deshalb die Arbeit sehr erleichtern, wenn er zum Tölttraining eine Strecke wählt, die leicht und gleichmäßig bergab geht.

Reiter mit dem Entlasten die Vorhand zu stark. Das Pferd kommt aus dem Gleichgewicht, und der Gang wird steif. Der Reiter muß langsamer werden, dabei belasten und treiben, dann das Pferd entlasten und »herauslassen«, um es in die Balance zu bringen.

Vor allem die Fünfgänger finden beim Reiten bergauf eher den Rhythmus und das Gleichgewicht im Galopp

▶ Gymnastik

Mit seiner Gewichtsverlagerung richtet der Reiter die Schulter seines Pferdes korrekt auf die Bewegungsrichtung der Hinterhand aus. Der Fluß der Bewegung kann dann durchs Pferd gehen, damit baut sich die gesamte Muskulatur im positiven Sinne auf. Deshalb ist es wichtig, daß der Reiter im Sitz nicht starr und unbeweglich ist, sondern flexibel. Jede Veränderung im Sitz gymnastiziert das Pferd und dessen Rückenmuskulatur, so daß es diese auf der einen Seite an- und auf der anderen entspannen kann. Im Idealfall sollte sich das Pferd auf beiden Seiten gleichermaßen strecken oder hohl machen können.

Ungezwungenes Reiten im Gelände läßt den Reiter locker bleiben und fördert das Gleichgewicht des Pferdes

Extrem beweglich, fein und flexibel muß der Reiter auf eine Änderung der Bewegungsform seines Pferdes reagieren, wenn schnelle Gangarten wie der Rennpass geritten werden

Fühlen und flexibel reagieren

Insgesamt sollte der Reiter bei seiner Ausbildung nicht an einem äußeren Schema festhalten und damit etwas erzwingen wollen. Er sollte vielmehr immer wieder Gänge und Tempi variieren, weil sich die Schiefheiten dann oft von alleine ändern und damit insgesamt viel leichter beheben lassen (siehe Kapitel sechs: Pferde gehen selten gerade, ab Seite 116).

▶ Entscheidend anders: Schritt, Trab, Galopp
Schritt reiten mit Gangpferden

Der Schritt des Pferdes läßt sich in seiner Mechanik kaum verändern. Im Verlauf der Ausbildung eines jungen Pferdes wird der Schritt meist zuerst schlechter. Der Reiter kann trotzdem gelassen reagieren: Wenn er den richtigen Weg wählt, stellt sich das wahre Gangmaß wieder ein. Er muß wissen, daß es eine hohe Anforderung ist, wenn das Pferd aus dem ruhigen Schritt etwa für den Tölt zusammengestellt werden oder nach kernigem Rennpass im Fünfgang guten Schritt gehen soll. Mit den anderen Gängen wird auch der Schritt besser werden. In diesem Bewußtsein sollte der Reiter vor allem zu Beginn der Arbeit die Pferde nur wenige Meter im verkürzten Schritt reiten und dann antölten.

Auch im Gelände ist es besser, die Pferde zwischen den Töltstrecken zu führen, als sie zum Ausschnaufen eine halbe Stunde

Schritt am langen Zügel zu reiten und dann weiterzuarbeiten. Braucht das Pferd nach einer Töltstrecke eine Pause, sollte der Reiter absitzen, bis die Atmung sich wieder beruhigt hat, und dann energisch (nicht schnell!) wieder losreiten. Am Ende der Arbeit darf das Pferd am langen Zügel ruhigen und doch raumgreifenden Schritt gehen, damit es die für diese Gangart nötige Gelassenheit lernt.

Die Art des Galopps sagt am zuverlässigsten etwas darüber aus, welche Gangveranlagungen das Pferd hat

Trab reiten mit Gangpferden

In Zeiten der Tölt-(Er)Forschung waren Islandpferdereiter davon überzeugt, daß die Pferde in den Grundgangarten (besonders im Trab) in tiefer Haltung geritten werden sollten, im Tölt hingegen mit hoher Haltung. Und sie kamen nicht zum Ziel!

Islandpferde, die im Trab zuerst tief und an den Zügel geritten werden, gehen im Tölt meistens verspannt und höchstens noch in einem Tölttempo taktklar. Umgekehrt ist es richtig: Gangpferde sollten im Tölt am Zügel gehen und im Trab anfangs in freierem Tempo und freierer Haltung geritten werden.

Schneller gelaufener Trab ist die sichere Grundlage für geschmeidigen, flüssigen Tölt

Je besser der Tölt wird, desto besser und »klassischer« wird auch die Anlehnung im Trab. Das Pferd ist im Gleichgewicht und kann die Hilfen annehmen. Es kommt im Trab von selbst immer mehr durchs Genick, weil es die Anlehnung sucht, kommt dabei aber nicht auf die Vorhand. Die Schulter bleibt oben und der Rücken schwingt. Es befindet sich im positiven Bewegungsablauf (siehe Seite 28).

Galopp bei Gangpferden

Galopp sollte (wie der Schritt) beim Gangpferd nicht speziell ausgebildet werden. Zwar ist es sinnvoll, Islandpferde immer wieder zu galoppieren, damit sie den Gang »kennen« und auch hier Vertrauen zu ihrem Reiter haben. Prinzipiell wird der Galopp aber (genau wie der Trab) mit dem Tölt besser.

Der Schritt ist von allen Gängen am meisten vom Material abhängig und kann nur wenig ausgebildet werden. Umgekehrt kann er unter einer schlechten Ausbildung stark leiden

Wer den Galopp als solches verbessern will, sollte diese Arbeit immer nur kurzfristig tun und die Lockerheit im Tölt dabei immer wieder sicherstellen. Andernfalls riskiert der Reiter, daß der Galopp zwar »besser«, die anderen Gänge aber steifer werden. Das häufige Wechseln in Richtung Galopp hingegen kann helfen, das Pferd zu lösen und die Schulter in Richtung positiven Bewegungsablauf zu schieben.

Wirkung beobachten, Wiederholung einplanen

Alle beschriebenen Übungen bauen aufeinander auf. Deshalb sollte der Reiter immer wieder zum Anfang (oder bis zu dem Punkt, an dem er keine Probleme mehr hat) zurückkehren, sobald im späteren Stadium Schwierigkeiten auftreten. Wenn etwa im Renntölt-Training die Durchlässigkeit leidet, muß wieder Wert auf Gehorsamsübungen gelegt, zum Beispiel regelmäßig longiert oder wieder öfter zur Bande gewendet werden. Auch nach einer längeren Pause sollte man das Pferd wieder nach dem beschriebenen Muster aufbauen. Es kann auch sehr hilfreich sein, beim Warmreiten im Schnelldurchlauf alle Anforderungen durchzuprobieren, um sie dem Pferd und dem eigenen Gefühl wieder erneut in Erinnerung zu rufen.

Der Reiter muß gleichzeitig mit den Übungen alle Einwirkungsmöglichkeiten trainieren, die er in seiner eigenen Ausbildung dazugelernt hat: die bewegliche Hand, die lateralen Hilfen, den flexiblen Sitz, das Zusammenspiel von Gewicht und Schenkeln.

Jedem Wanderreiter muß klar sein: Wer problemlos mit der Gruppe mithalten und sich jedem Tempo anpassen will, braucht ein solide ausgebildetes Pferd

Beispiel: Ein Trainingsausritt

Ein abwechslungsreich aufgebauter und lehrreicher Ausritt könnte mit Gehorsamsübungen vor dem Aufsteigen beginnen.

Im Sattel überprüft der Reiter Gehorsam und Durchlässigkeit, indem er das Pferd einige Male pariert. Dann läßt er es im Trab bergauf laufen, galoppiert ein kurzes Stück bergauf, kommt aus dem Galopp wieder zum Trab und wechselt schließlich auf einer eher ebenen oder gar abschüssigen Strecke mit der la-

Abwechslung macht allen Spaß

In Reitpausen auf gemeinsamen Ritten wird so manche Erfahrung ausgetauscht

teralen Hilfe in den lockeren, flüssigen Tölt. Sobald der Fluß verlorengeht und das Pferd sich eng macht, läßt er es aus dem Tölt wieder in zügigen Trab laufen und nimmt es nach einiger Zeit wieder in den Tölt zurück. In diesem Gang wechselt er häufig die Stellung: Am linken Wegrand reitend läßt er sein Pferd nach rechts schauen und treibt mit dem rechten Schenkel; am rechten Wegrand reitend ist das Pferd nach links gestellt und wird mit dem linken Schenkel getrieben.

▶ Immer locker bleiben

Beweglich und aufmerksam sollte das Pferd in jeder Lebenslage reagieren: Vielen Reitern geht zum Beispiel gefühlsmäßig ein Licht auf, wenn sie dahinterkommen, daß man auch im Renntölt oder Rennpaß nicht aus lauter Ehrfurcht vor der Geschwindigkeit bildlich gesprochen die Luft anhalten darf. Auch (und besonders) in diesen schnellen Tempi hilft es, wenn der Reiter im Sitz beweglich bleibt, wenn er die Stellung wechselt, damit sich das Pferd nicht einseitig verspannen kann. Der große Vorteil obendrein: Man bleibt vergleichsweise locker, trotz des Tempos.

WIEDERHOLUNG EINPLANEN

Natürlich und ausbalanciert

Beobachten sie ihre (teils verzweifelten) Schüler und die Entwicklung der Pferde, kommen selbst den Isländern manchmal Zweifel daran, ob Tölt und Rennpass tatsächlich natürliche Gangarten sind. Müßte das Pferd dann nicht immer »Grundtölt« gehen, wenn es die Hilfen dazu einmal verstanden hat?

  Das Problem: Tölt und Rennpass verlangen eine perfekte Balance, wie sie das töltende Fohlen oder Jungpferd von Natur aus hat. Der vierte und fünfte Gang ist damit ebenso natürlich wie Schritt, Trab oder Galopp. Er ist nur anfälliger, wenn es um das Gleichgewicht geht. Wenn der Reiter mit seinem Gewicht die natürliche Balance stört, muß er diese über eine gefühlvolle Einwirkung wieder herstellen.

  Die Übungen und die Hilfengebung, die dem Reiter bis jetzt zur Verfügung stehen, helfen dabei. Wer dem Geheimnis des Gangreitens auf die Spur kommen will, muß aber auch bedenken, wie Form und Haltung seines Pferdes mit dessen Bewegung zusammenhängen und wie er sein Pferd geschmeidig macht und geraderichtet.

Dem Geheimnis des Gangreitens auf der Spur

- 96 ▶ Waage zwischen Trab und Pass
- 101 ▶ Losgelassenheit – so werden Tölt-träume wahr
- 106 ▶ An der Form scheiden sich die Geister
- 108 ▶ Aktion – nur wenn die Hinterhand mitkommt
- 111 ▶ Wichtigstes Ziel: Geschmeidigkeit
- 116 ▶ Pferde gehen selten gerade
- 121 ▶ Reiten in Harmonie

▶ Waage zwischen Trab und Pass

Der Reiter muß sich bewußt machen, daß der Tölt vom Takt und vom Bewegungsablauf her exakt die Mitte zwischen Trab und Pass darstellt. Im Tölt steckt sowohl die diagonale (Trab)Bewegung wie auch die laterale (Pass)Bewegung. Jedes Pferd kann von dieser Mitte, dem Viertakttölt, in Richtung Trab, Pass oder Galopp kippen. Dann gewinnt entweder die diagonale, die laterale oder die gesprungene Bewegung die Oberhand.

Diese Fähigkeit, über die alle Islandpferde verfügen, kann sich ein geschickter Reiter zunutze machen: Er kann den reinen, lockeren Viertakt sozusagen herbeizaubern, indem er beim trabartig gehenden Pferd (diagonal verspannt) das laterale Gehen för-

> ▶ **Immer den Typ berücksichtigen**
>
> Grundsätzlich gilt: Ein Pferd, das trabartigen Tölt geht, ist in der Vorhand zu hoch aufgerichtet (meist über die Hand geritten). Es muß lernen, sich im Hals fallen zu lassen und mehr unterzutreten.
> Ein Pferd, das passartig geht, ist zu lang und im Rücken zu hoch. Es muß lernen, sich zusammenschieben zu lassen und sich mehr aufzurichten.
>
>
>
> Leider gilt diese Regel nicht immer. Der Reiter muß nämlich auch den Typ seines Pferdes berücksichtigen. Geht ein Pferd trabartigen (oder noch gar keinen) Tölt, weil es faul ist, muß dieses mehr zusammengestellt werden. Geht ein Pferd passartigen Tölt, weil es Angst und zu viel Temperament hat, muß es sich strecken und ruhig werden dürfen.

Im Töltpreis braucht der Reiter ein extrem gutes Gefühl, um sein Pferd in allen Tempi in der Balance zu halten

dert oder indem er beim passartig gehenden Pferd (lateral verspannt) das diagonale Gehen trainiert.

In Nuancen läßt sich dies auch vom Gefühl her leicht üben:

▶ Läuft ein Pferd vom reinen Viertakt in Richtung Trab, spürt der Reiter eine weite, eher aufwärts gerichtete Bewegung der Schulter, der Rücken beginnt auf und ab zu schwingen und nimmt den Reiter im Gesäß mit nach vorne.

▶ Läuft das Pferd in Richtung (langsamen) Pass, wirkt die Bewegung verhalten. Der Reiter hat ein eher stumpfes Gefühl, fast als laufe das Pferd vorne in den Boden, und wird von der lateralen Bewegung des Rückens nach vorwärts-abwärts geschoben. Das Pferd fühlt sich an, als sei es im Körper hinten höher als vorne.

Hat der Reiter diesen Unterschied in der Bewegung mal erspürt, ist der erste Schritt auf dem Weg zum besseren Tölt getan.

PROFI·TIP

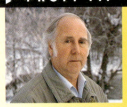

Prof. Dr. Isenbügel

Der Rücken ist durch ständig falsches Reiten oder falsche Sättel beim Islandpferd inzwischen zum Problem Nummer 3 geworden. Schwierigkeiten in diesem Bereich sollte man sehr ernst nehmen, denn sie sind Ursache für sehr viel Pferdeleid. Ob das Pferd Probleme mit dem Rücken hat, läßt sich leicht feststellen. Der Rücken wird abgetastet und einem vorsichtigen Bewegungsdruck ausgesetzt. Zeigt das Pferd Anzeichen von Schmerz, läßt sich die tiefere Ursache mit modernsten Methoden ergründen.
Der Wechsel des Sattels, Arbeit nach der TTEAM-Methode und pferdegerechteres Reiten können Abhilfe schaffen.

Bei gleich hoher Aufrichtung töltet das Pferd mit Unterhals, während es im Trab (siehe unten) im Rücken locker bleiben kann

Entlasten hilft

Diesem liegt die Erkenntnis zugrunde, daß einerseits die Gangarten sehr eng miteinander verwandt sind und andererseits mit dem Spiel zwischen den Gangarten der Rücken des Pferdes beeinflußt werden kann.

Dabei muß der Reiter sich darüber im Klaren sein: Gut ist, wenn das Pferd je schneller desto trabartiger wird. Kein Problem ist es, wenn beim Langsamerwerden eine Pass-Spannung spürbar ist. Umgekehrt allerdings ist er auf dem Holzweg. Bewußt machen sollte sich der Reiter dabei, daß sich ein durchlässig gemachtes Pferd am mühelosesten verschieben läßt.

Sensibler Punkt in der Zusammenarbeit von Mensch und Tier: der Pferderücken

Beim Verschieben der Gänge muß außerdem dauernd auf die Gleichmäßigkeit des Pferdes auf beiden Seiten geachtet werden. Dabei wird der aufmerksame Reiter spüren, ob es sinnvoll ist, das Pferd in eine Links- oder Rechtsrolle (siehe Galopprolle Seite 113) zu treiben. Denn darf es auf der einen Seite galoppieren, kommt das Pferd vorne hoch und in den positiven Bewegungsablauf (siehe Seite 28), soll es auf der anderen Seite galoppieren, kommt es hinten hoch und in den negativen Bewegungsablauf. Diese Veränderungen sollte der Reiter möglichst frühzeitig erkennen, um sie sich bei seiner Ausbildung zunutze machen zu können.

Noch Fragen? Antworten, die Sie kennen sollten

Wie spürt der Reiter, ob sein Pferd gelösten Tölt geht?

Ein Pferd, das einen sauberen Viertakt geht und dabei nicht verspannt ist, läßt seinen Reiter bequem sitzen. Es fühlt sich breit und einladend an, nimmt den Reiter auf und in der Bewegung mit, ohne daß er sich bewußt einfühlen muß. Vor- und Hinterhand sind gleichmäßig zu spüren. Das Pferd vermittelt den Eindruck, daß es wippt.
Verspannte Pferde wirken vom Gefühl her schmal und hoch, so daß der Reiter gar nicht weiß, wo er sitzen soll.

Was bedeutet das Spiel mit den Gangarten?

Ein Reiter, der sich das Gangtalent seines Pferdes zunutze macht, trainiert nicht nur (stur) in einer Gangart. Er erlaubt seinem Pferd zum Beispiel immer wieder, sich in den flotten Trab zu strecken, um es zu lösen oder schneller zu machen. Oder er provoziert immer wieder eine Galopp-Rolle in der Vorhand, wenn das Pferd sich im Schweinepass festzumachen versucht, damit die zu tiefe Schulter wieder hoch kommt und sich freier bewegt.

Kopf hoch tut weh!

Was bedeuten diese Erkenntnisse für den Rennpass?

Ein Pferd, das gelernt hat, sich im Tölt auf die Hilfe des Reiters hin in Richtung Trab zu strecken oder ohne falsche Spannung zurücknehmen zu lassen, bleibt auch im schnellen Rennpass beeinflußbar. Im fortgeschrittenen Stadium handelt es sich bei dieser Verschiebung nur noch um eine Nuance in Richtung Trab- oder Passtölt.
Ein Reiter, der gelernt hat, wie sich sein Pferd im Tölt gleichmäßig anfühlt, wird auch im Rennpass schneller spüren, wenn dieses Gefühl verlorengeht. Er kann entsprechend schnell und wirkungsvoll gegensteuern, wenn sich die gleichmäßige, lockere Bewegung ändert.

> **Kopf hoch gilt nicht**
>
> Kopf hoch und Tölt: Diese historische »Erkenntnis« der Töltpioniere sollte dringend zu den Akten legen, wer flüssigen, ausdrucksstarken Tölt reiten und sein Pferd dabei gerecht behandeln will. Gangpferde müssen im Tölt sozusagen »an den Zügel« geritten werden. Dann können sie sich entspannen, den Fluß der Bewegung durch den Körper gehen lassen und sich in der Vorhand aufrichten. Klar wird bei dieser Beschreibung aber auch: An den Zügel reiten hat nichts zu tun mit »Hand runter und festhalten«, wie es viele Islandpferdereiter tun, wenn ihre Pferde in tiefer Haltung traben sollen.

Hat das Pferd zum Menschen Vertrauen, spiegelt sich das in seiner Mimik wider

▶ Losgelassenheit – so werden Töltträume wahr

Entscheidend dafür, ob ein Pferd gut töltet, ist zuallererst der Pferderücken. Dieses, teilweise vom Sattel verdeckte Körperteil des Pferdes, wird von vielen Reitern (und Richtern) sträflich vernachlässigt.

Dabei liegt völlig falsch, wer den guten Tölter an der Aufrichtung oder der Höhe der (Vorhand)Bewegung messen will. Töltträume lassen sich nur verwirklichen, wenn es gelingt, den Rücken des Pferdes als wichtigste Verbindung zwischen Vorder- und Hinterhand zu beeinflussen, ohne daß sich das Pferd verspannt.

Am einfachsten macht es der Reiter sich und seinem Pferd, wenn er die für diese Losgelassenheit wichtige Haltung über das Spiel mit den Gangarten erreicht. Indem das Pferd lernt, sich stufenlos vom Viertakt zum Trab oder als Fünfgänger sogar zum Pass verschieben zu lassen, wird die Rückenmuskulatur gleichmäßig trainiert – diagonal und lateral.

Um das Pferd zu lösen – die Bewegung vom Gefühl her weit zu machen, zu öffnen – läßt man ein Pferd aus dem Tölt in den eher zügigen Trab laufen und nimmt es aus diesem wieder zurück in den verkürzten Tölt. Diese Übung wird so oft wiederholt, bis der Tölt immer freier wird.

Konzentrierte Arbeit im ruhigen Tempo

Um ein Pferd vom Trab her in Richtung Tölt zu formen, hält der Reiter es aus dem Schritt heraus sehr eng an den Hilfen (siehe laterale Hilfen ab Seite 57), läßt also keine diagonale, weite Bewegung zu. Er pariert und wird langsamer, noch ehe der erste weite Tritt spürbar wird. Diese Übung wird geduldig so lange beibehalten, bis das Pferd quasi passartig läuft. Der Reiter treibt es aus diesem »Gang« dann so weit in Richtung Trab, bis es töltet. Sobald die Trabschwingung (oder galoppähnliche Bewegung) zu dominant wird, nimmt er das Pferd in das verkürzte (passartige) Tempo zurück.

Diese Arbeit kann sich über Wochen hinziehen und erfordert sehr viel Geduld und Ausdauer von Reiter und Pferd. Deshalb sollte häufig Abwechslung (Longieren, Handpferde-Reiten) eingebaut werden. Gleichzeitig kann der Reiter sozusagen als Töltausbildung »von oben« immer wieder im Trab das Tempo überziehen, wobei er das Pferd nicht in den Galopp, sondern in Richtung Viertakt treibt.

Anders formuliert bedeutet dies: Der Reiter sollte den erwünschten Tölt nicht allein in diesem Gang ausbilden, sondern vielmehr durch Verschieben und Spielen mit den anderen Gangarten die taktklaren Phasen des Tölts verlängern.

Die enge Beziehung der Gangarten zueinander läßt sich am besten in einem Kreisschema darstellen, dessen Mitte der Tölt ist (siehe Umschlagklappe). In diesem Viertakt vereinigt das Pferd die beiden Zweitaktextreme diagonal und lateral und befindet sich auch, was die Möglichkeiten der Haltung betrifft, in der Mitte.

Ganz ähnlich wie beim Naturtölter muß der Reiter allmählich zu den Extremen (Zweitakttrab, Zweitaktpass, Dreitaktgalopp) kommen, um nicht einen Spezialisten auszubilden, der nur in den Grundgangarten oder im steifen Pass geht. Die Arbeit geht also immer von der Mitte aus. Denn wer zum Beispiel einen Zweitakt-Trab ausbildet, läuft Gefahr, daß sein Pferd von einem Extrem ins andere kippt und den lockeren Tölt sozusagen überspringt.

Im schnellen Tempo sind Geschmeidigkeit und flexibles Reiten gefragt

▶ Noch Fragen? Antworten, die Sie kennen sollten

Warum steht der Tölt in der Mitte des Kreisschemas?
Für den taktklaren und gelösten Tölt braucht das Pferd eine mittlere Haltung, die im Prinzip genau die Verbindung zwischen der hohen Trabhaltung und der gestrecken Passhaltung herstellt. Denn im Trab kann sich das Pferd am höchsten aufrichten, ohne sich zu verspannen; im Pass nimmt es die gestreckteste Haltung ein.
Wer Islandpferde im Trab beobachtet, kann leicht feststellen, daß sie problemlos mit hoher Haltung locker gehen können (Drosselrinne am Hals tritt hervor), im Tölt ist diese entspannte Haltung aber nur mit deutlich weniger hoher Haltung möglich. Wer etwa bei einem Viergänger passartigen Tölt braucht, muß diesem Pferd eine noch gestrecktere Haltung erlauben. Ziel der Islandpferde-Grundausbildung ist es, über diesen bewußten Haltungswechsel die Lockerheit in allen Gängen zu erreichen (Kreisschema siehe Umschlagklappe).
In späteren Stadien der Ausbildung geht das Pferd am Zügel und kann immer mehr in Richtung Versammlung gearbeitet werden, das heißt das Pferd hat gelernt, den äußeren Zügel zu akzeptieren, und kann mit diesem gesetzt werden (siehe Seite 62). Die Erfahrung hat gezeigt, daß ein Pferd, dessen Tölt in diese Richtung verbessert wurde, automatisch auch in den anderen Gangarten rittiger wird.

Was bedeuten diese Erkenntnisse für die Reit-Haltung des Islandpferdes?
Die langjährige Praxis hat gezeigt, daß vor allem die Arbeit nach der sogenannten »Skala der Ausbildung« zunächst in die Sackgasse führte, weil Islandpferdereiter ihre Pferde im Trab und Galopp nach diesem Weg arbeiten wollten, den Tölt dabei aber außen vor ließen.
Es ist grundsätzlich falsch für die Ausbildung, wenn ein Isländer zunächst im Trab nach unten geritten wird und obendrein leichtgetrabt wird. Erfahrungsgemäß führt der im Trab richtig schwingende Rücken zu einer fast lähmenden Verspannung, sobald das Pferd in den Tölt umgestellt wird. Die Pferde können nur noch höchstens bis ins Mitteltempo taktklar Tölt gehen und werden passig und verspannt, sobald man von ihnen mehr Tempo verlangt. Oder diese Pferde bleiben im Tölt sozusagen immer auf der Trabseite. Sie gehen nur schnell, werden im langsamen Tempo hackig und kommen im Hals nach oben.

Welcher Weg führt aus dieser Sackgasse?
Rhythmischen Tölt in jedem Tempo erleben vor allem die Reiter, die ihr Pferd in diesem Gang durchs Genick reiten können. Den Trab nutzen sie dazu, daß ihr Pferd sich in der Haltung nach oben streckt, in der Schulter hochkommt und ins Tempo läuft. Sie spüren, daß das im Trab auf Islandpferden oft fälschlich praktizierte »Runterziehen« überhaupt nichts bringt. Wenn sie dann nämlich aus dem heruntergerittenen Trab ihr Pferd in den Tölt umstellen, ist plötzlich nicht nur die Bewegung, sondern auch der Takt weg. Wer aber, wie die beschriebenen Übungen zeigen, sein Pferd mit gelöstem Rücken im Tölt an den Zügel reiten und jederzeit aus dem Tölt in den (schnelleren) Trab laufen lassen kann, hat den richtigen Weg gefunden.

Nicht jedes Pferd, das klaren Viertakt geht, geht auch mit gelöstem Rücken

▶ An der Form scheiden sich die Geister

Grundsätzlich lassen sich an der Form im schnellen und langsamen Tempo zwei Typen von Pferden unterscheiden: diejenigen, die langsam einen eher unspektakulären Tölt gehen und immer mehr Höhe, Weite und Aktion bekommen, je schneller sie werden. Sie entwickeln aus der Hinterhand mühelos viel Schubkraft. Und diejenigen, die im Arbeitstempo eine große Show abziehen, aber hilflos und verspannt reagieren, sobald sie richtig schnell gehen sollen. Diese Pferde haben sehr viel Tragkraft und wenig Schubkraft in der Hinterhand. Beim ersten Typ handelt es sich meist um sehr lockere, beim zweiten Typ um eher steife Pferde.

Viel Tempo in Trab, Tölt und Pass sind ein Zeichen für viel Schub. Eine Ausnahme ist der Galopp. Pferde, die in diesem Gang schnell gehen können, springen in der Kruppe hoch und sind damit eher steif. Pferde, die den erwünschten Schub haben, setzen im Galopp die Hinterbeine weit auseinander und sind deshalb nicht besonders schnell.

> **Noch Fragen? Antworten, die Sie kennen sollten**

Was läßt sich aus diesem Wissen für die Ausbildung des lockeren Typs ableiten?
Grundsätzlich sollte der gut ausgebildete Tölter sich in allen Tempi harmonisch reiten lassen. Der Reiter des lockeren Pferdes wird dabei wenig Schwierigkeiten haben, in vergleichsweise kurzer Zeit attraktive Tempounterschiede oder ein ansehnliches schnelles Tempo zu erarbeiten, er wird im Arbeitstempo aber sehr gründlich sein und in der Ausbildung sehr weit in Richtung Versammlung kommen müssen, wenn das Pferd ausdrucksstark gehen soll.

Was läßt sich für die Ausbildung des eher steifen Typs sagen?
Der Reiter des Arbeitstempo-Cracks kommt, wenn er sein Pferd in allen Tempi sauber arbeiten will, nicht darum herum, die Höhe der Bewegung im langsamen Tempo zu reduzieren und rund zu machen, damit sie der tatsächlichen Schrittlänge entspricht. Er verzichtet dabei ganz bewußt auf hohe Vorhandaktion, um eine flüssige Bewegung, die aus der Hinterhand über den Rücken nach vorne kommt, zu erreichen. Nur dann hat er eine Chance, mit seinem Pferd auch reell auf ein ordentliches Tempo zu kommen.

Wie streng ist diese Trennung?
Im Prinzip spiegelt die Trennung in diese beiden Typen nur eine Tendenz wider. Die jeweilige Veranlagung ist bei jedem einzelnen Pferd höchst unterschiedlich ausgeprägt – eine Klassifizierung deshalb schwierig. Für die Ausbildung sollte der Reiter sich jedoch darüber im Klaren sein, daß er je nach der Richtung seiner Arbeit in der einen oder anderen Anforderung Abstriche machen muß. Erst wenn das Pferd sozusagen Abitur gemacht hat, wird es im langsamen Tempo akzentuiert und ausdrucksstark sowie dann kurz darauf schnell und taktklar mit hoher, weiter Bewegung gehen können.
Auch das Temperament des Pferdes hat Einfluß auf dessen Losgelassenenheit und Zwanglosigkeit. Viele Pferde bauen innerlich Spannungen auf, trauen den Menschen nicht. Pferde mit gutem Temperament aber laufen gerne und sind dabei im Umgang gelassen.

Wenn ein Pferd im Tölt die höhere Haltung hat wie im Trab, ist es nicht locker genug

▸ **Aktion – nur wenn die Hinterhand mitkommt**

Typisches Markenzeichen des attraktiven Tölters ist für fast alle Beobachter bis heute die spektakuläre Vorhandaktion. Je höher und weiter die Pferde vorne die Beine heben, desto mehr steigert sich die Begeisterung.

Nur wirkliche Experten gucken von Anfang an auch genau darauf, wie das Pferd seine Hinterbeine setzt. Die Mechanik hinten verrät nämlich nicht nur dem guten Züchter schon vom Fohlenalter ab zuverlässig, wieviel Tölt sein Pferd wirklich hat. An der Hinterhand erkennt der Reiter und Pferdekäufer auch, wieviel Arbeit ihm das Pferd in der Tölt- und Rennpass-Ausbildung macht.

Grundsätzlich gilt: Je mehr das Pferd hinten läuft, desto müheloser kann es Tölt und Rennpass gehen. Der entscheidende Schub für diese Gangarten kommt aus einer tiefen Hinterhand. Am leichtesten zu erkennen ist diese tiefe Hinterhand im Galopp. Ein Pferd, das in diesem Gang eher läuft, hat mit Sicherheit Talent zum Tölt-, wenn nicht sogar zum Rennpassgehen.

Richtig wäre: Die Haltung im Trab sollte höher und freier als im Tölt sein. Dieser Vergleich ist aber nur zulässig, wenn Trab und Tölt gleich schnell sind

> **Test: Immer schneller traben können**
>
> Bester Test dafür, daß ein Pferd immer locker im positiven Bewegungsablauf (siehe Seite 28) unterwegs ist, ist die Fähigkeit, daß es sich aus dem Tölt heraus immer noch mit mehr Tempo in den Trab verschieben läßt. Solange das noch möglich ist, kann der Reiter mit einer Verschiebung in die entsprechende Richtung sicherstellen, daß der Rücken des Pferdes nicht hoch- und es nicht in den negativen Bewegungsablauf kommt. Vom Prinzip her sollte ein Pferd ins Tempo hinein diagonaler und nicht lateraler werden. Auch der Rennpasser: Für diese Diszplin heißt »diagonaler«, daß eine Verschiebung in Richtung Viertakt-Pass immer möglich ist.

In diesem Fall ist der Umkehrschluß erlaubt: Ein Pferd, das im Galopp hinten springt – das heißt mit der Kruppe nach oben ausweicht – ist wahrscheinlich kein einfacher Tölt-Fall. Der Reiter kann dies gut spüren: Pferde, die im Galopp springen, sind schwieriger zu sitzen als Pferde, die mit tiefer Hinterhand eher laufen. Pferde, die im Galopp springen, vermitteln am Anfang der Ausbildung eher ein Bergab-Gefühl. Pferde, die laufen, erwecken den Eindruck, als würden sie nur mit der Vorhand galoppieren.

Gut! Dieses Gangpferd hat viel Schubkraft. Deshalb greift die Hinterhand im Trab weit nach hinten aus

> **Noch Fragen? Antworten, die Sie kennen sollten**

Was sagt die Bewegungsmechanik der Hinterhand über das Gangvermögen eines Pferdes aus?
Die Fähigkeit, Tölt und Rennpass zu gehen, kommt aus einer tiefen Hinterhand, der es keine Mühe macht zu laufen. Je mehr ein Gangpferd hinten läuft, desto näher liegt seine natürliche Bewegung im Tölt- und Passbereich. Ein Pferd mit guter Schubkraft hat insgesamt schnelle Gänge und wird deshalb (nicht nur) in Island sehr geschätzt.

Wie läßt sich die gelaufene Bewegung am zuverlässigsten erkennen?
Am ehesten kann der Beobachter dieses Talent seines Pferdes im Galopp sehen. Geht das Pferd mit den Hinterbeinen im Galopp nahe zusammen, muß es die Kruppe hochwerfen, um vorwärts zu kommen. Dies läßt den Reiter nur schwer sitzen.
Der Naturtölter geht oft einen bequemen Schaukelgalopp, der aussieht, als ob das Pferd nur mit der Vorhand galoppiere und mit der Hinterhand noch Trab gehe.

In welche Richtung müssen Pferde mit hochgesprungener Kruppe gearbeitet werden?
Wenn ein Reiter sehr genau reitet, kann er auch ein Pferd mit eher ungünstiger Hinterhand soweit bringen, daß es hinten läuft und in Tölt oder Pass der Schub aus einer tiefen Hinterhand kommt. Dazu muß er vor allem im Tölt, Trab und Pass aufs Tempo drücken, schnell reiten. Damit fördert er, daß das Pferd die Hinterhand weit auseinander nimmt. Für Einsteiger ist diese Hürde jedoch meist zu hoch.

Gut für den Geist: Die Haltung im Offenstall verhindert Langeweile

▶ Wichtigstes Ziel: Geschmeidigkeit

Takt war das erste Kriterium für die Töltpioniere, den außergewöhnlichen neuen Gang von anderen zu unterscheiden. Takt steht an der ersten Stelle der Skala der Ausbildung, die selbstverständlich auch für Isländer eine wichtige Grundlage ist.

Und trotzdem. Für den gefühlvollen Reiter sollte nicht der Takt der erste und wichtigste Punkt der Arbeit mit den Gangarten sein, sondern der Fluß der Bewegung. Eine Galopp-Rolle zum Beispiel ist kein »Beinbruch«, solange das Pferd locker ist und bleibt. Sie läßt sich vielmehr nutzen, um den Gang zu verbessern (siehe Seite 99 und 113).

Hohe Bewegung wird oft höher bewertet als Geschmeidigkeit

Der Reiter wird in seiner Ausbildung erfolgreicher sein, wenn er nicht zuallererst auf den hundertprozentigen Takt hin paukt. Viel einfacher als im Viertakt, dem Tölt, erschließt sich der Sinn dieser Feststellung in den Zweitakt-Gangarten Trab und Rennpass: Wer sein Pferd in den Trab hinauslaufen läßt und damit die für die Geschmeidigkeit entscheidende Streckung erreichen will, muß schnelles Tempo verlangen und dabei eine hohe Haltung und eine eher gelaufene Hinterhandbewegung zulassen oder vielmehr sogar fördern. Wichtiger als der absolute Takt, wichtiger auch als die ganz am Ende der Ausbildung erwünschte Haltung ist, daß das Pferd sich dehnt, der Rücken schwingt und das rhythmische Auf und Ab des Rückens die Bewegung wieder frei werden läßt.

Auch im Rennpass, der ohnehin in der gelaufenen Viertaktform eher erwünscht ist als im Zweitakt, hilft es dem Reiter, wenn er am Anfang der Arbeit leichte Taktfehler zuläßt und sich damit die Geschmeidigkeit erhält. Eine eventuell sogar bewußt provozierte Galopprolle bewahrt das Pferd vor dem Engwerden und hilft ihm zurück in den positiven Bewegungsablauf.

Weide und viel Auslauf gehören zur artgerechten Haltung

> **Vorne Tölt und hinten Tango**
>
> Mit diesem Spott beschreiben manche Kritiker die Konzentration der Töltbewertung auf die Vorhandaktion. Anders ausgedrückt: Wenn ein Pferd im Tölt vorne die Beine hebt, vergessen viele den Blick auf Rücken und Hinterhand. Meist fällt ihnen dann auch nicht auf, daß der »Heber« eigentlich gar nicht schnell gehen kann, weil die Hinterbeine sofort ungleich werden, wenn Tempo verlangt wird. In Island beugen Zuchtrichter dieser Fehleinschätzung vor, indem nur die Pferde hohen Noten erhalten, die zwei deutlich verschiedene Tempi (langsam und **richtig** schnell) gehen können.

Der Reiter muß allerdings darauf achten, daß er in seiner Ausbildung nicht zu weit vom gewünschten Takt wegkommt. Das heißt zum Beispiel: Trabfehler sind zulässig, solange sie in Richtung eines gelaufenen Trabs gehen. Sobald der Trab gesprungen ist und das Pferd dabei in der Haltung vorne tief kommt, läßt der Reiter eine Richtung zu, die ihn von seinem Ziel wegführt.

Ebenso im Rennpass: Die Galoprolle oder die Verschiebung in Richtung Tölt hilft so lange weiter, wie sie den positiven Bewegungsablauf (siehe Seite 28) fördert. Sobald beim Taktfehler der Rücken hochkommt, das Pferd Richtung Zweitakt läuft und die Hinterhand eher nach oben ausweicht, führt er in die falsche Richtung. Es sei denn, der Reiter pariert sein Pferd gerade. Kommt der Rücken aber beim Tempomachen nach oben, muß der Reiter seinen Ausbildungsweg »zurückbuchstabieren«.

> **Hilfreiche Galoprolle**
>
> Indem er eine Galoprolle provoziert, verschiebt der Reiter den Gang seines Pferdes im Kreisschema (siehe Umschlagklappe) in Richtung Galopp. Er erreicht damit, daß im Galoppsprung die Vorhand und die Schulter des Pferdes nach oben kommen. Das bringt den positiven Bewegungsablauf (siehe Seite 28), ein steifes Bergab-gehen in Richtung Pass (negativer Bewegungsablauf) wird durchbrochen.

> **Noch Fragen? Antworten, die Sie kennen sollten**

Wann sollte der Reiter Taktfehler zulassen oder gar herbeiführen?
Der Takt einer Gangart darf nicht zum absoluten Maßstab erhoben werden, besonders nicht auf Kosten der Geschmeidigkeit. Reiter und Ausbilder können also gelassen mit Taktfehlern umgehen, wenn das Pferd dabei locker und geschmeidig bleibt. Je näher der Reiter seinem Ziel, der Zwanglosigkeit des Pferdes, kommt, desto mehr erledigen sich solche Taktfehler von selbst.

Manchmal, etwa wenn ein Pferd eng und passig wird und auf die Vorhand kommt, kann ein bewußt herbeigeführter Taktfehler, etwa zum Galopp, sogar sinnvoll sein, um wieder eine Bergauf-Tendenz der Bewegung zu erreichen.

Wichtig zu wissen: Die Galopprolle ist dann positiv, wenn das Pferd dadurch in der Schulter nach oben kommt. Oft sind die Pferde in dieser Beziehung einseitig: Die Rolle links bringt etwa die Schulter hoch, die Rolle rechts nicht oder umgekehrt, das heißt, sie bringt die Hinterhand hoch (siehe Seite 99).

Wie spürt der Reiter, ob der Taktfehler seines Pferdes positiv oder negativ wirkt?
Ein Taktfehler ist im Prinzip so lange kein Problem, wie sich das Pferd in Form und Bewegungsart verändern läßt. Erreicht der Reiter eine Veränderung des Takts, wenn er die Stellung wechselt (siehe Übungen ab

Seite 78) oder sein Pferd mehr strecken läßt, ist der Taktfehler ja im Prinzip korrigierbar.

Der Reiter kann diese Veränderungen nutzen, um sein Pferd ohne Zwang geschmeidiger zu machen. Ein Beispiel: Tendiert ein Pferd zur Galopprolle links, ist diese so lange unproblematisch, wie der Reiter mit Absicht eine Galopprolle rechts erreichen kann, wenn er will. Braucht ein Rennpass-Reiter mehr Viertakt, kann er vor diesem Hintergrund zum Beispiel ein Hochkommen (Richtung Rolle) in der Vorhand provozieren. Braucht er hingegen mehr Zweitakt, nützt ihm ein Rollen in der Hinterhand.

Welche Gefahr droht, wenn zu sehr auf den Takt gepaukt wird?

Auch diese Frage ist am leichtesten mit einem Beispiel aus dem Zweitakt-Bereich zu beantworten: Wenn der Reiter hier auf den exakten Takt pocht und sein Pferd womöglich zusätzlich tief einstellt, wirft jedes Spiel mit den Gangarten das Pferd aus dem Gleichgewicht. Die Veränderung in Takt und Haltung, etwa beim Umstellen in den Tölt, erfolgt nicht geschmeidig, sondern absolut. Das Pferd verliert Rhythmus und Schwung, wird ungleich und verspannt und kann dann meistens nur ein Tempo Tölt exakt gehen. Es wirkt dann auf den Betrachter zwar korrekt, aber eher schwerfällig. Der Reiter fühlt sich hilflos, sobald er entweder schneller oder langsamer reiten soll.

Passtölter (oben) und Trabtölter (unten) in zu hoher Haltung. Die Hinterhand kann nicht untertreten. Die Pferde gehen unharmonisch – trotz Vorhandaktion

GESCHMEIDIGKEIT 115

PROFI·TIP

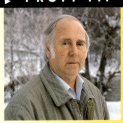

Prof. Dr. Isenbügel

Immer zuerst das Pferd.
Wer diesen Leitsatz berücksichtigt, dürfte keine Schwierigkeiten mit dem Tierschutz bekommen. Speziell für den Isländer bedeutet dies: keine Einzelhaltung und keine Haltung nur in Stall oder Box. Vielseitige und nicht nur zielorientierte Arbeit. Auch einem Turnierpferd tut der Ausritt in der Gruppe durch den Wald gut. Alle Arten von tierquälerischen Ausbildungsgegenständen, mechanisches Doping und schwere Gewichte an den Beinen sind Tierquälerei und deshalb grundsätzlich abzulehnen.

▶ Natürlich oder manipuliert?

Bestes Zeichen für die natürliche Gangart ist, wenn sich die Bewegungsweite der Vor- und Hinterhand in jedem Tempo entsprechen. Ein Pferd, das etwa im Arbeitstempo eine gewaltige Vorhandaktion hat und hinten die Beine (wie es dem Tempo entspricht) nur wenig weit auseinanderzieht, geht manipulierten und keinen natürlichen Tölt.

▶ Pferde gehen selten gerade

Beim Hund sieht es tatsächlich jeder: Alle gehen sie, von hinten oder vorne betrachtet, mehr oder weniger schief. Bei manchen Hunden hat man gar den Eindruck, daß im Hundetrab die Hinterbeine fast neben den Vorderbeinen laufen. Fast immer sieht man übrigens, daß die Schiefe sich beim Wechsel der Hundegangarten, vom Hundetrab in den -galopp, verändert.

Beim Pferd läßt sich, ob seiner Größe und weil man es selten vor oder hinter sich herlaufen sieht, diese Schiefheit nicht so leicht beobachten. Trotzdem gibt es auch unter diesen Vierbeinern kaum einen, der von Natur aus gerade geht. Und auch bei Pferden gibt es das Phänomen, daß die Schiefe mit dem Wechsel der Gangarten sich verändert.

Vor allem eines klipp und klar: Will der Reiter mit

Starkes Tempo mit gutem Untertreten

Weniger weit aber immer noch harmonisch

einem losgelassenen Pferd das erträumte rhythmische Töltgefühl erleben, kommt er überhaupt nicht darum herum, die Schiefe seines Pferdes zu beheben. Dabei helfen die Übungen, mit deren Hilfe die Schulter des Pferdes verschoben werden kann (siehe Seite 57ff und 77ff).

Was sich jedoch zunächst so einfach anhört, ist in Wirklichkeit ganz schön knifflig – sowohl vom Gefühl her, also in der Praxis, wie auch in der Theorie. Kaum eine Diskussion läßt sich anhaltender und öfter führen als die Debatte darüber, mit welchem Zügel oder welchem Schenkel sich in welchem Moment die ersehnte Wirkung erreichen läßt.

Dabei ist es ganz wichtig, daß der Reiter von der Vorstellung Abschied nimmt, sein Pferd auf der jeweils steifen Seite »weichkneten« zu müssen. Umgekehrt wird ein Schuh daraus: Das Pferd muß sich von selbst auf der weichen, hohlen Seite strecken und mit beiden Hinterbeinen gleichmäßig Last aufnehmen (siehe Seite 54ff)

Ein entscheidender Trost für alle, die mitten in diesem Gefühls- und Diskussionschaos stecken: Wer's einmal heraus hat, hat das Ziel schon fast erreicht. Dauerhaft übrigens! Denn er spürt jedes Schiefwerden sicher und kann sein Pferd mit feinen Hilfen problemlos wieder auf den geraden Weg bringen. Ab diesem Moment ist dann auch das Stadium der Gemeinsamkeit erreicht, das Harmonie signalisiert.

> ### Manipulation – was ist das?
>
> Unter Manipulation ist jedes Reiten im Tölt oder Rennpass zu verstehen, das nicht dem natürlichen Bewegungsablauf entspricht. Darunter fällt:
> - bewußt falsches Reiten, um die Vorhandbewegung höher zu machen;
> - das Verwenden von Gewichten (Eisen oder schweren Glocken);
> - Trainingsmethoden mit Gummibändern.
>
> Diese Methoden nehmen dem Pferd jede Chance, im Rücken loszulassen und sich natürlich zu bewegen. Sie zerstören das partnerschaftliche Verhältnis zwischen Reiter und Pferd, weil der Mensch nicht mit dem Tier, sondern gegen das Tier arbeitet.

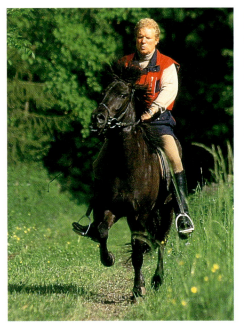
Schiefe Pferde lassen den Reiter nicht sitzen ...

... weil sie im Rücken fest sind

Natürlich schief: Was sagt das Gefühl?

Es gibt sie durchaus, die Signale für die natürliche Schiefe: Fast jedes Pferd läßt sich auf eine Seite leichter wenden als auf die andere. Fast jedes geht auf einer Seite lieber im Kreis. Konzentriert sich der Reiter wirklich auf den Rücken seines noch schiefen Pferdes, kann er mit einem Gesäßknochen oft besser in der Bewegung mitgehen, während er auf der anderen Seite das Gefühl hat, nicht sitzen zu dürfen. Nicht wenige Reiter sitzen deswegen sogar sichtbar schief auf dem Pferd. Nicht wenige ziehen deshalb sehr einseitig an einem Zügel – was sich bei der isländischen Kandare für alle Insider sehr gut erkennen läßt.

Vor der Korrektur: die Theorie

Theoretisch müssen sich alle Töltfans eines klarmachen: Das Pferd geht zwangloser und tanzend Tölt, wenn die Bewegung aus beiden Hinterbeinen über den gelösten Rücken und die ebenso gelöste Halsmuskulatur durch das geschmeidige Genick gleichmäßig am Maul und damit an der Reiterhand ankommt.

Auch wenn es kaum zu glauben ist: Dieses perfekte Gefühl gibt es tatsächlich und dieses zu erleben, ist einer der schönsten Eindrücke von Harmonie zwischen Reiter und Pferd.

Im noch schiefen Stadium der Ausbildung hat der Reiter demnach zumindest theoretisch zwei Möglichkeiten, sein Pferd gerade zu bekommen. Er kann

▶ die Hinterbeine mit dem Schenkel soweit zur Seite »drücken«, daß sie in der Spur der Vorderbeine laufen;

▶ die Vorderbeine seitwärts so beeinflussen, daß sie in die Spur der Hinterbeine finden.

Langjährige Erfahrung mit Gangpferden hat gezeigt, daß zumindest in den ersten Stadien der Ausbildung die erste Variante (Einfluß auf die Hinterbeine nehmen) ausscheidet. Über diese Variante werden die Pferde eng, gehen verhalten, strecken sich nicht mehr.

Wählt man hingegen die zweite Form der Einflußnahme, richtet Vorderbeine und Schulter quasi nach der Hinterhand aus, läßt sich die natürliche Schiefe beheben (siehe Seite 57ff). Das Pferd geht gerade und kann im Rücken loslassen.

Bergauf, geschmeidig, schnell und trotzdem harmonisch

▶ **Noch Fragen? Antworten, die Sie kennen sollten**

Woran erkennt der Betrachter, ob ein Pferd nicht gerade geht und sich damit im Rücken verspannt?
Oft und vor allem, wenn der Reiter die isländische Kandare als Gebiß verwendet, läßt sich schon am einseitig anstehenden Kandarenbaum erkennen, daß das Pferd in sich nicht geradegerichtet ist. Wissen muß man, daß ein solches Pferd dann auch niemals losgelassen und erst recht nicht versammelt gehen kann.
Gut beobachten läßt sich die Schiefe eines Pferdes auch, wenn man sich als Zuschauer am Anfang oder Ende einer langen Seite postiert.

Gutes Untertreten der Hinterhand, das Pferd geht bergauf

Wie kann der Reiter fühlen, daß sein Pferd noch schief geht?
Ein schief gehendes Pferd läßt seinen Reiter nicht gleichmäßig sitzen. Außerdem gelingt es dem Reiter nicht, an beiden Zügeln einen gleichmäßigen Kontakt zum Pferdemaul herzustellen, solange das Pferd noch schief geht und belastet dabei eines seiner Hinterbeine mehr belastet. Dehnt sich das Pferd hingegen an beide Zügel, nimmt die Stellung in beiden Richtungen gut an, belastet es beide Hinterbeine gleichmäßig und kann im Rücken loslassen, vermittelt es dem Reiter ein traumhaft schönes Töltgefühl.

Nutzt das Spiel mit den Gangarten?
Da einige Pferde im Trab oder Galopp andersherum schief sind als im Tölt, hilft manchmal auch der Wechsel der Gangarten beim Geraderichten, vor allem dann, wenn der Reiter einmal ein Gespür dafür entwickelt hat, wie man die Vorhand des Pferdes innerhalb weniger Meter auf die Spur der Hinterhand ausrichten kann. Indem er das Pferd immer wieder von beiden Seiten (im Trab zum Beispiel von der einen, im Tölt von der anderen Seite) auf die Spur bringt, erreicht er mit der Zeit eine gleichmäßige Belastung beider Hinterbeine. Der Wechsel zwischen den Gangarten fördert dabei auch ingesamt die Geschmeidigkeit und Beweglichkeit des Pferdes.

▶ **Reiten in Harmonie**

Einen geschmeidigen, lockeren Tölter zu reiten – ein Pferd, das im langsamen und im schnellen Tempo gleichermaßen rhythmisch und locker geht, ist ein unvergleichlich schönes Gefühl. Losgelassen gehende Pferde haben, wenn die Natur ihnen dieses Talent gegeben hat, hohe und weite Bewegungen, sehen tänzerisch und spielerisch temperamentvoll aus – am Ende ihrer Ausbildung.

Denn dieses Empfinden ist das Ziel eines – je nach Können des Reiters längeren oder kürzeren – Weges, den Zwei- und Vierbeiner als Partner gehen. Beiden bringt diese Arbeit viel, sowohl an Erfahrung wie auch an innerer Zufriedenheit. Gerade deshalb lassen sich viele Betrachter gerne täuschen. Sie meinen im (schon) zufrieden, aber (noch) nicht ausdrucksstark gehenden Jungpferd einen eher trägen Zeitgenossen zu erkennen, den man nur »wecken« muß. Mancher hat so beim Pferdetausch schon sein blaues Wunder erleben dürfen.

Keine Frage: Wer als Freizeit- oder Turnierreiter die perfekte Harmonie mit seinem Pferd erleben und dieses fair behandeln möchte, muß Geduld mitbringen. Eines aber ist sicher: Der längere Weg lohnt sich in jeder Hinsicht. Zumal der Reiter fühlt, ob sein Pferd gut oder schlecht geht – ohne daß ihm jemand von unten sagen muß, wie es aussieht. Gemeinsam haben Zwei- und Vierbeiner auf diesem Weg viele Aufgaben vor sich, die aber auch Spaß machen. Langeweile gibt es nicht – und Erfolgserlebnisse: je länger je mehr.

Serviceteil

KLEINES LEXIKON

Abkauen	Übung, die das Pferd auf eine annehmende Zügelhilfe so reagieren läßt, daß es den Kopf hebt und im Genick nachgibt
Aktion	beschreibt die Höhe der Vorhandbewegung, sagt aber wenig über deren Weite (Raumgriff) aus
Anlehnung	elastische Verbindung zwischen Reiterhand und Pferdemaul, die mit einem oder beiden Zügeln hergestellt werden kann
Arbeitstempo	beschreibt das eher langsame Tempo im Töltpreis, wobei als Richtgröße eine Minute pro Ovalbahnrund (200 Meter) angegeben ist
Aufrichtung	entsteht, wenn sie korrekt ist, über ein Absenken der Hinterhand. Die bloße Aufrichtung im Hals ist allenfalls beim Passtölter erlaubt, wenn sie ein Hochkommen des Rückens verhindert
Diagonale Bewegung	beschreibt jede Bewegung in Richtung des gleichzeitigen Auffußens der jeweils gegenseitigen Beinpaare (hinten links und vorne rechts, oder hinten rechts und vorne links)
Eintölten	Begriff für die Ausbildung von Pferden, die unter dem Sattel zunächst nur Trab anbieten und das Tölten lernen müssen
Flexen	beschreibt das seitliche Biegen des Pferdehalses im Stand. Dient der Vorbereitung zum Reiten mit Halsstellung
Flugphase	Begriff für den Moment in der Fußfolge von Trab und Rennpass, in der das Pferd keinen Kontakt zum Boden hat
Fünfgänger	grundsätzliche Bezeichnung für alle Islandpferde, die eine natürliche Veranlagung zum Pass zeigen
Gangmechanik	Begriff für die natürliche Lockerheit des Pferdes, wobei ein Pferd, das locker und flüssig gehen kann, über eine gute Gangmechanik verfügt
Gangvermögen	Begriff für den natürlichen Raumgriff eines Pferdes, wobei ein Pferd, das hohe und weite Bewegungen hat, über ein gutes Gangvermögen verfügt
Gebrauchstempo	beschreibt das Lieblingstempo eines Pferdes in der jeweiligen Gangart. Es dient als Basis für die Ausbildung in der jeweiligen Gangart
Geländereiten	Begriff für die zielgerichtete Ausbildung eines Islandpferdes im Gelände. Schwerpunkt ist dabei die Arbeit in den Gangarten
Geraderichten	beschreibt das gleichmäßige Schieben der Hinterhand in Richtung der Vorhand, wobei davon auszugehen ist, daß die Hinterhand von Haus aus immer breiter fußt, als die Vorhand
Halsstellung	Biegung des Pferdehalses, ohne daß auf eine gleichzeitige Biegung des Pferdekörpers Wert gelegt wird
Kappzaum	Hilfszäumung für Bodenarbeit und Longieren. Besteht aus einem festen Nasenband, an dem an verschiedenen Ringen Longe und Ausbinder befestigt werden können
Laterale Bewegung	beschreibt jede Bewegung in Richtung des gleichzeitigen Auffußens der

	jeweils gleichseitigen Beinpaare (hinten links und vorne links, oder hinten rechts und vorne rechts)
Laterale Hilfen	Begriff für die Hilfengebung, die dem Pferd ein Ausweichen über die äußere Schulter erlaubt und es damit den Weg in die Tiefe finden läßt
Legen	beschreibt das Umstellen des Pferdes aus beliebiger Gangart in den Rennpass. Meistens wird das Pferd aus dem Galopp in den Rennpass »gelegt«
Losgelassenheit	die Losgelassenheit ist gekennzeichnet durch kraftvolles, rhythmisches An- und Abspannen der Muskeln und der inneren Bereitschaft zur Leistung. Zwanglosigkeit steht für Bewegung mit geringstem Kraftaufwand
Negativer Bewegungsablauf	Pferd kommt bei zunehmendem Tempo immer mehr in Richtung der lateralen Bewegung und damit im Rücken hoch und in der Vorhand tief
Positiver Bewegungsablauf	Pferd kommt bei zunehmendem Tempo immer mehr in Richtung der diagonalen Bewegung und damit im Rücken tief und in der Vorhand hoch
Raumgriff	Begriff für die Weite der Bewegung, wobei ein Pferd in jeder Gangart einen unterschiedlich großen Raumgriff haben kann
Rollen	beschreibt eine Bewegung, die aus Tölt, Trab oder Pass in Richtung des gesprungenen Galopps variiert, wobei die »Rolle« unterschiedlich stark sowie in der Vor- oder Hinterhand auftreten kann
Schubkraft	beschreibt einen natürlichen Zustand, in dem das Pferd sein Gleichgewicht über das Tempo findet und damit das Talent hat, schnell zu gehen. Die Hinterhand schiebt im schnellen Tempo den Schwerpunkt des Pferdes nach vorne
Schweinepass	Begriff für langsamen Pass, der auch als Reisepass bezeichnet wird und negativ zu bewerten ist
Steifheit	beschreibt eine Gangmechanik, die von Natur aus in Richtung Zweitakt (Trab oder Pass) tendiert und damit das Gegenteil zum Naturtölter darstellt
Trachten (verlängert)	die Trachten sind das Kissen, auf dem der Sattel aufgebaut ist. Sie stellen den Kontakt zum Pferderücken her. Sind sie verlängert, ragen sie sichtbar über den Hinterzwiesel hinaus und vergrößern damit die Auflagefläche
Tragkraft	beschreibt den natürlichen Zustand, in dem das Pferd sein Gleichgewicht findet, indem die Hinterhand mehr untergesetzt wird. Diese Pferde finden ihre Balance nur im eher langsamen Tempo
Tribulieren	Begriff für die Fortsetzung des negativen Bewegungsablaufes, bei der sich das Pferd schließlich damit aus der Verlegenheit hilft, daß es ein Hinterbein in der Fußfolge ausläßt
Verspannung	verspannt ist ein Pferd, das an einem oder mehreren Punkten des Körpers die Bewegung von hinten nach vorne oder von vorne nach hinten nicht locker durchläßt
Viergänger	Begriff für alle Gangpferde, die von Natur aus keine Veranlagung zum Pass-Gehen besitzen
Zwanglos	Die Zwanglosigkeit beschreibt den Zustand der Bewegung mit geringstem Kraftaufwand. Die Losgelassenheit ist gekennzeichnet durch kraftvolles, rhythmisches An- und Abspannen der Muskeln und die innere Bereitschaft zur Leistung.

Serviceteil

NÜTZLICHE ADRESSEN

Kontaktadressen IPZV Deutschland:

IPZV-Geschäftsführung/Geschäftsstelle
Postfach 12 20
31159 Bad Salzdetfurth
Tel. 0049-(0)5063271566
Fax 0049-(0)271567
e-mail: geschaeftsstelle@ipzv.de

Islandpferde-, Reiter- und Züchterverband
Landesverband Baden Württemberg e.V.
Am Dobelblick 33
76359 Marxzell-Burbach
Tel. 0049-(0)7248-9249905
Fax 0049-(0)7248-934223

Islandpferde-, Reiter- und -Züchter-Verband
Landesverband Bayern
Bautzenhof 1
74597 Stimpfach
Tel. 0049-(0)7962-1361
Fax 0049-(0)7962-2323

Landesverband der Islandpferde-, Reiter- und
Züchtervereine Berlin-Brandenburg e.V.
Kähnsdorfer Straße 8a
14552 Fresdorf
Tel. 0049-(0)302846060-0
Fax 0049-(0)302846060-3

Landesverband der Islandpferde-, Reiter- und
Züchtervereine Hannover-Bremen
Barnstorfer Straße 10
38444 Wolfsburg
Tel. 0049-(0)53657-574
Fax 0049-(0)53657-663
e-mail: LVHannover-Bremen@gmx.de

Islandpferde Reiter- und Züchterverband
Landesverband Hamburg e.V.
Tratzigerstr. 21
22043 Hamburg
Tel. 0049-(0)40656846-55
Fax 0049-(0)40656846-10
e-mail: geschaeftsstelle@ipzv-nord.de

Islandpferde Reiter- und Züchterverband
Landesverband Hessen
Moritz-Zahnwetzer-Str. 1
34266 Niestetal
Tel. 0049-(0)5605-4253
Fax 0049-(0)5605-925314

Landesverband der Islandpferde-, Reiter- und
Züchtervereine Mecklenburg-Vorpommern e.V.
Lieper Str. 2
19294 Gorlosen-Grittel
Tel. 0049-(0)3875540-864
Fax 0049-(0)3875540-165

Landesverband der Islandpferde-, Reiter- und
Züchtervereine Rheinland e.V.
Heideweg 19
53332 Bornheim
Tel. 0049-(0)2222-63449
Fax 0049-(0)2222-923520

Landesverband der Islandpferde-, Reiter- und
Züchtervereine Rheinland-Pfalz-Saar e.V.
Dorfstr. 81
66740 Saarlouis
Tel. 0049-(0)68313772
Fax 0049-(0)68313772

Islandpferde-, Reiter- und Züchterverband,
Landesverband Sachsen e.V.
Zwickauer Str. 16 a
09112 Chemnitz
Tel. 0049-(0)37182060-08
Fax 0049-(0)37182060-10

Islandpferde-, Reiter- und Züchterverband,
Landesverband Schleswig-Holstein e.V.
Koogchaussee 6
25836 Grothusenkoog
Tel. 0049-(0)48621022-00
Fax 0049-(0)48621022-02

Islandpferde-, Reiter- und Züchterverband,
Landesverband Weser-Ems
Wesel 3a
49811 Lingen
Tel. 0049-(0)5906-667
Fax 0049-(0)5906-2114
e-mail: Office@luca-verlag.de

Landesverband der Islandpferde-, Reiter-
und Züchtervereine Westfalen Lippe e.V.
Mergelkamp 15
48329 Havixbeck
Tel. 0049-(0)2507-571109
Fax 0049-(0)2507-571109
e-mail: vorstand@lv-wl.de

Weitere Informationen zu den deutschen
Landesverbänden unter www.ipzv.de

Kontaktadresse IPV-CH in der Schweiz
IPV-Geschäftsstelle:
Hofuren 49
4574 Nennigkofen
Tel. 0041-(0)3262197-80
Fax 0041-(0)3262197-81

Kontaktadresse ÖIV in Österreich
ÖIV-Geschäftsstelle:
Böhmhof 16
3910 Zwettl

ZUM WEITERLESEN

ADALSTEINSSON, REYNIR/HAMPEL, GABRIELE: Reynirs Islandpferde-Reitschule. Das Spiel mit dem Gleichgewicht, Stuttgart 1998.
ADALSTEINSSON, REYNIR / HAMPEL, GABRIELE: Reynirs Islandpferde-Reitschule. Ausbildung, Sitz und Hilfen, Gangarten, Stuttgart 1998 (Video).
HAAG, THOMAS/SCHWÖRER-HAAG, ANKE: Gaedingar. Die andere Reitlehre. Islandpferde besser reiten, Stuttgart 2003.
SCHWÖRER-HAAG, ANKE: Das Islandpferd. Geschichte, Haltung, Freizeit, Sport, Stuttgart 1998.

KOSMOS INFOLINE

Sie können sich mit Ihren Fragen und Problemen an unsere Autoren Anke Schwörer-Haag und Thomas Haag wenden. Schreiben Sie an die „InfoLine reiterwissen" (bitte mit Rückporto):

Kosmos Verlag
„InfoLine reiterwissen"
Postfach 10 60 11
70049 Stuttgart

BILDNACHWEIS

Mit 158 Farbfotos von: Heike Erdmann, Hannover (S. 30, 112), Eiríkur Jónsson, Kópavogur / Island (S. 7, 9, 15, 24/25, 27 o., 32/33, 35, 39, 45, 59, 89, 105, 111, 116, 119, 120), Lothar Lenz, Cochem (S. 1), Ulla Rafail, Altrip (S. 2 o., 4/5, 99) Angelika Schmelzer, Altrip (S. 7), Anke Schwörer-Haag, Abtsgmünd (S. 3 o., 5, 8, 10, 12, 13, 14, 17, 18, 19, 20, 21 o., 22/23, 25, 27 u., 28, 29, 31, 34, 37, 38, 41, 42, 43, 49, 50/51, 52, 54, 55, 57, 60, 61, 62, 63, 65, 67, 68, 69, 70, 71, 74, 75, 78, 79, 80, 82, 83, 85, 86, 87, 88, 90, 91, 92, 93, 94/95, 95, 97, 101, 102, 103, 106, 109, 110, 118, 121), Sorrel, Gaby Kärcher, Ebersbach/Fils (S. 2, 21 u., 44/45, 46/47, 53, 58, 64/65, 72, 73, 76, 77, 98), Sabine Stuewer, Darmstadt (S. 2/3, 16/17, 66, 114/115), André Welle, Buchholz (S. 11, 108), Maciej Zapiorkowski, Goldach / Schweiz (S. 6/7).

Die Grafiken im Innenteil sowie auf der inneren Umschlagseite (U2) erstellte Cornelia Koller, Schierhorn.

IMPRESSUM

Umschlaggestaltung von eStudio Calamar;
Titelfotos von Eiríkur Jónsson, Kópavogur / Island (großes Motiv) und Prof. Dr. Ewald Isenbügel, Greifensee / Schweiz (kleines Motiv). Foto auf dem Buchrücken von Bernd Schellhammer, Großstadelhofen. Foto auf der hinteren Umschlagseite (U4) von Anke Schwörer-Haag, Abtsgmünd.

Bibliografische Information der Deutschen Nationalbibliothek
Die Deutsche Nationalbibliothek verzeichnet diese Publikation in der Deutschen Nationalbibliografie; detaillierte bibliografische Daten sind im Internet über http://dnb.ddb.de abrufbar.

Bücher · Kalender · DVD/CD-ROM
Experimentierkästen · Kinder- und Erwachsenenspiele
Natur · Garten · Essen & Trinken
Astronomie · Hunde & Heimtiere
Pferde & Reiten · Tauchen
Angeln & Jagd · Golf
Eisenbahn & Nutzfahrzeuge
Kinderbücher

KOSMOS

Postfach 10 60 11
D-70049 Stuttgart
TELEFON +49 (0)711-2191-0
FAX +49 (0)711-2191-422
WEB www.kosmos.de
E-MAIL info@kosmos.de

2., aktualisierte Auflage, 2006
© 2000, 2006, Franckh-Kosmos Verlags-GmbH & Co. KG, Stuttgart
Alle Rechte vorbehalten
ISBN 978-3-440-09556-0
Redaktion: Birgit Bohnet
Produktion: Kirsten Raue / Claudia Kupferer
Printed in Germany / Imprimé en Allemagne

REGISTER

abkauen 72
Abwechslung 63
Aktion 106
Anlehnung 58, 71
Auflagefläche 19
aufsitzen 72
Ausbilder 6
Ausbildungsziel 48
Ausbinder 69
Ausdauer 10
Ausstrahlung 13

Balance 8, 28, 59
bergab 83
bergauf 83
Beschlag 21
Bewegungsablauf 28
Biegung 52, 63
Boden 16
Bodenarbeit 69, 70

Charakter 13

Dehnung 73
Drehsitz 81
Dreibeinstütze 26
Dreitaktgalopp 103

Einbeinstütze 26
eintölten 60
Einwirkung 46
Eisen 21
entlasten 52

flexen 77f.
Flugphase 35f.
Form 106
führen 68
Führkette 68
Fünfgänger 34, 67
Fütterung 10

Galopp 91
Gangarten 6

Gangvermögen 13, 26
Gebiß 17
Gebrauchstempo 26
Gehorsamsübungen 66
Gelände 16, 63, 77, 84
Gerte 17
Gesäßknochen 46, 118
Gesundheits-Check 14
Gewicht 50
Gewichtshilfe 39, 50
Gewichtsverlagerung 52f., 85
Gleichgewicht 7, 10
Glocken 21
Gymnastik 88

Halsstellung 61, 77
Haltung 31
Hand 50
Hilfen 7
Hilfen, diagonale 79
Hilfen, laterale 57f., 60, 79
Hilfengebung 47
Höhe 106
Hufe 14

Impuls 74
Intelligenz 13
IPZV 7
Islandkandare 18
Islandpferdereiter 8

Juckreiz 74

Kandare 18
Kappzaum 69, 70
Kieswege 17
Knebeltrense 18
Kreuz 50
Kreuzeinwirkung 50
Kreuzgalopp 37

lateral 34
legen 37
Longe 70
longieren 69
Longierzirkel 69

lösen 102

Mineralisation 10

Nasenriemen 18
Naturtölt 31
Naturtölter 8, 14

Ovalbahn 8, 16

Parade 55, 68, 75
Parade, halbe 82
Passbahn 16
Passtölter 10, 31, 59
pass-veranlagt 59
Pelham 18
Phasenfolge 26

Reiterhaltung 48
Reiterhand 54
Reitstil 8
Rennhaltung 36
rennpass-tauglich 42
Rennpass-Veranlagung 12
rollen 36
Rücken 98
Rückenmuskulatur 102
rückwärtsrichten 76

Sand 17
Sandboden 16
Sattel 17, 19, 98
Schenkel 50
Schenkelhilfen 39
Schenkelweichen 79
Schiefe 86, 116
Schotterwege 16
Schritt 89
Schweifriemen 20
Schwellungen 14
Schwerpunkt 53
Sitz 46
Sitzfläche 20
Sitzschulung 49
Sommerekzem 8, 74
Sperrhalfter 18

Sprungphase 35
stellen 78
Stellung 52, 60, 63, 80, 86
Stellungswechsel 52
Stilsuche 7
Stimme 50

Takt 31
taktklar 27
Teerstraßen 16
Temperament 13
Tölt-Begabung 8
Töltgefühl 8
Trab 91
Trabtölter 9, 31, 59
trab-veranlagt 59
Trabveranlagung 9
Trachten 19
treiben 70
Trense 17

tribulieren 37, 40
TTeam-Methode 98
Turniersystem 8

Übung 66

versammeln 63
Versammlung 71
Verschiebung 36
verwahren 70
Viergänger 67
Vierschlag 35
Viertakt 10, 26
Vorgurt 20
Vorhandwendung 79

Waldboden 16
Wassertrense 18
wechseln 40
Weite 106
wenden 74
Wiesenwege 16

Zäumung 69
Zehenspitzengänger 10
Zügelhilfen 39
Zungenprobleme 17
Zweibeinstütze 26
Zweitakt 34
Zweitaktpass 103
Zweitakttrab 103

Alle Angaben in diesem Buch erfolgen nach bestem Wissen und Gewissen. Sorgfalt bei der Umsetzung ist indes dennoch geboten. Der Verlag, die Autoren und die Herausgeber übernehmen keinerlei Haftung für Personen-, Sach- oder Vermögensschäden, die aus der Anwendung der vorgestellten Materialien und Methoden entstehen könnten. Einige der abgebildeten Personen auf den Fotos dieses Buches tragen keine Reitkappe. Wir möchten aber ausdrücklich darauf hinweisen, daß eine Reitkappe, die allen Sicherheitsnormen entspricht, getragen werden sollte.